自分を活かす会社で イキイキ働こう！

魅力的な
中小企業探しのすゝめ

監修　八木 田鶴子 ／ 編集　合同会社みんプロ

三恵社

ii

はじめに

　近年「働き方改革」についての法整備が進んでいます。

　古くは約30年前の1985年（昭和60年）5月に「男女雇用機会均等法」（雇用の分野における男女の均等な機会および待遇の確保等女子労働者の福祉の増進に関する法律）が成立しました。

　1991年（平成3年）に「育児休業法」（育児休業等に関する法律）が制定され、1995年（平成7年）に改正されて「育児休業、介護休業法」（育児休業、介護休業等育児又は家族介護を行う労働者の福祉に関する法律）となりました。

　さらに、1993年（平成5年）に「パートタイム労働法」（短時間労働者の雇用管理の改善等に関する法律）、2003年（平成15年）に「次世代育成支援対策推進法」、2015年（平成27年）に「女性活躍推進法」（女性の職業生活における活躍の推進に関する法律）が成立しました。

　こうした法律はたびたび改正され、おもに女性の就労環境を改善する法律の整備が推進されてきました。

　最近では、「人生100年時代」、「一億総活躍社会の実現」を掲げ、多様な働き方が可能となるような法整備が進展しています。2016年（平成28年）6月には、「ニッポン一億総活躍プラン」が閣議決定されています。

　この法整備の背景には、少子高齢化や労働力人口の減少、非正規雇用労働者の待遇改善、長時間労働などの課題への対応があります。あらゆる場で老若男女、障がいのある方も1度失敗を経験した方も、家庭で、職場で、地域で、あらゆる場で、誰もが活躍できる全員参加型の社会を目指すことが求められています。

　具体的には、さまざまな方の多様で柔軟な働き方の選択を広げることが求められています。法制度的には、①子育て支援の充実、②介護支援の充実、③高齢者雇用の促進、④非正規雇用労働者の待遇改善、⑤最低賃金の引上げ、などが整備されています。

　法制度による働き方改革も重要ですが、中小企業には、こうした法制度によらなくても、ハード面・ソフト面で、独自の職場環境の改善や働きやすい環境・社

内規定を整備している企業が数多くあります。

　また、中小企業ではさまざまな業務経験ができ、責任ある仕事を任され、自分の力を存分に発揮できるチャンスも数多くあり、仕事をする楽しさや大企業にはない醍醐味を味わえる企業もたくさんあります。

　中小企業には、独自の技術や独自のサービスを提供している会社も数多くあります。未来志向で前向きに、技術開発や製品開発・新サービスの開発に取り組んでいる企業も少なくありません。家族的経営の中小企業では、相互に助け合い、従業員のみんなが楽しくやりがいのある仕事をしています。

　日本の事業者数約 382 万者のうち、99.7%の約 381 万者が中小企業です。

　また、「老舗企業」といわれる長寿企業はそのほとんどが中小企業です。経営方針や経営手法、経営者の魅力、働く従業員の皆様の魅力、会社の魅力などは千差万別、それぞれの企業によって異なります。

　本書は、そうした中小企業の魅力をお伝えするために、一歩進んだ取り組みをしている優れた中小企業を取材しました。そして、企業ごとに異なる魅力がたくさんあることを記しました。

　本書で取材した企業は、数ある優れた中小企業のなかのたったの 10 社ですが、この本を手にしたあなたが、魅力的な中小企業を知る手がかりや魅力的な中小企業探しをするサポートとなれば幸いです。

　最後に、本書刊行にあたり、取材にご協力いただきました各企業の経営者・経営幹部並びに従業員の皆様の真摯なご対応に、心より感謝申し上げます。

2018 年 12 月

著者を代表して　八木　田鶴子

目 次

プロローグ 中小企業で働く魅力を考えよう_____1

1 中小企業のイメージについて_____2

2 近年の就職活動の傾向について_____3

3 就職人気企業ランキングとの付き合い方_____4

4 普段の自分を分析してこその自己分析_____4

5 優良な中小・ベンチャー企業も調べてみよう_____6

第1章 ひとつ上の豊かさを目指して ～株式会社千疋屋総本店～_____9

1 企業の概要・特徴_____10

2 千疋屋というブランド_____13

3 「店舗マネジメントができる果物の目利き」を育てる_____17

4 会社を元気にする社員のパワー_____20

5 店舗運営のプロフェッショナル_____24

第2章 成功したら祝福を、失敗したらユーモアを！

　　　　～株式会社シービージャパン～_____29

1 企業の概要・特徴_____30

2 社員の幸せづくりが会社の発展につながる_____35

3 垣根を超えた新製品開発のスピードが強み_____37

4 「幸せづくり」の人材育成と社会貢献_____41

5 会社はソーシャルカンパニー_____46

第3章 クリエーターを愛し、愛される会社 ～有限会社三幸～_____49

1 企業の概要・特徴_____50

2 クリエーターを愛し、愛される会社_____51

3 好きなことを仕事にできる_____55

4 三幸の魅力的な取り組み_____58

| 5 | 就活生や転職を考えている人に向けて | 61 |

第4章　社員とともに成長する労働力創出企業 〜株式会社木村工業〜 _____65

1	企業の概要・特徴	66
2	木村工業の発展を支えるさまざまな取り組み	67
3	醸成される社員のやりがい、絆、風通しの良さ	78
4	未来を創造する労働力創出企業への発展	81
5	就活生や転職を考えている人に向けて	82

第5章　カリスマ社長と働きチャレンジする職場 〜株式会社栄氷業〜 _____85

1	企業の概要・特徴	86
2	栄氷業の新規事業	89
3	社内のアットホームな人間関係	95
4	厳しくて温かい仕事環境	97
5	栄氷業で働くということ	99

第6章　日本の営業に変革を起こす 〜SALES ROBOTICS 株式会社〜 ___103

1	企業の概要・特徴	104
2	学生社長の起業秘話と、これから向かう未来	106
3	営業支援システムの理想の姿	110
4	若手社員から見た SALES ROBOTICS	114
5	俺流の採用基準と人材育成	117

第7章　音で人と人をつなぐことに挑む 〜エヴィクサー株式会社〜 _____121

1	企業の概要・特徴	122
2	独自技術で、新しい市場を創造する	123
3	研鑽を大切にする企業文化	131
4	忠恕（まごころと思いやり）を大切にする	133
5	エヴィクサーの業務と求められる人材	136

第8章　日本の伝統を1000年先の未来につなぐ　～株式会社和える～_____141

1　企業の概要・特徴_____142

2　伝統を次世代につなぐ仕組みづくり_____144

3　「和える」の成長を支える取り組み_____150

4　人生を楽しくする働き方_____153

5　「和える」が求めているひと_____157

第9章　静岡No1の小さな一流企業　～株式会社なすび～_____161

1　企業の概要・特徴_____162

2　お客さまの感動を生む「なすび」のおもてなし_____163

3　お客さまへのおもてなしを支える従業員のやりがい_____168

4　今後の方向性　～静岡No.1の小さな一流企業をめざして～_____176

5　就活生や転職を考えている人に向けて_____178

第10章　女性が働きやすい社会をつくる　～株式会社ランクアップ～_____181

1　企業の概要・特徴_____182

2　みんながいきいき！働きがいを感じられる職場_____183

3　女性が活躍できる職場_____188

4　社員とともにつくる働きやすい環境_____191

5　就活生や転職を考えている人に向けて_____194

viii

プロローグ
中小企業で働く魅力を考えよう

　2014 年度経済センサスの統計では、日本には約 1.1 万者の大企業と、約 381 万者の中小企業が存在します（図表 P-1 参照）。日本の企業数の 99.7％を中小企業が占め、社風ひとつをとっても多種多様、381 万の多様な魅力や働き方の可能性があるのです。

　しかし現在の就職・転職活動は、「有名だから」「規模が大きいから」などの表面的な理由に惹かれて、大企業への就職をめざす風潮が続いているようです。

　そうした風潮に一石を投じるべく、「本当に就職・転職活動者自身に魅力がある企業」という軸で会社選びをする方、また、多くの社会人に中小企業の魅力をお伝えするために、本書を著わしました。

図表 P-1　2014 年 7 月現在中小企業者数

	事業者数	割　合	従業者数
中小企業・小規模事業者	380.9 万者	99.70%	3,361 万人
うち小規模事業者	325.2 万者	85.10%	1,127 万人
大企業	1 万 1,110 者	0.30%	1,433 万人
合　計	382.0 万者	100.00%	4,794 万人

出典：「平成 26 年経済センサス-基礎調査」
http://www.chusho.meti.go.jp/koukai/chousa/

1 中小企業のイメージについて

「中小企業」という響きに皆さんはどういう印象を持っているでしょうか。大企業ほど派手な広告宣伝をすることは少ないので、身近に感じている方は少ないかもしれません。そして「大企業」には、将来が安定しているとか、就職活動中であれば就職活動に成功した人が行くところとか、ポジティブな印象の方が多いのではないでしょうか。この傾向は近年に限ったことではなく、「大手企業は安定している」、「定年まで働ける」などのイメージで、何となく大手企業への入社を目指すめざす人は昔から存在します。そのイメージは本当に正しいでしょうか。

法政大学大学院の久保田章市教授の調査（『百年企業、生き残るヒント』、角川SSC新書）によれば、創業100年以上の企業の96％が従業員数300人未満の企業、いわゆる中小企業です。とくに平安時代や江戸時代から長く続く老舗企業の多くが中小企業であり、長寿企業が多く存在します。つまり「安定≒会社が長く存続している」と考えるのであれば、中小企業が優れているといえます。もちろん多くの中小企業が廃業しているのも事実で、中小企業にもリスクは存在します

図表 P-2 本書で紹介する中小企業 10 社のポジションマップ

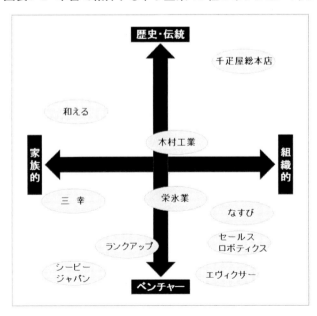

また、「育児休暇や時短勤務の取得率が高く女性が働きやすい」、「社員の福利厚生が充実している」という面でも、制度はなくても社員にとって働きやすい職場環境がある企業も多数存在します。

　本書ではこうした優れた中小企業を取材し、その魅力のポイントを探りました。

2　近年の就職活動の傾向について

　現在の労働市場は、若い世代の日本の人口が減ってきていることに加え、企業の業績改善や景気回復傾向などから、就職・転職希望者に内定が出やすい売り手市場になっているようです。ただし、1990年代のバブル期の売り手市場とは違い、多くの企業が入社後すぐに戦力化する人材を求めている、シビアな売り手市場という状況でもあります。

　日本企業は将来のポテンシャルを重視する新卒一括採用の傾向が強いため、同じ学生に複数の会社からの内定が集中しやすく、複数の内定を持つ学生と、何十社受けても内定がでない学生とに二極化しているといわれています。

　その結果、内定がでない学生は、内定を数多く獲得した友人や先輩の体験をもとに、本来の自分とは違う性格や志望動機を創作することがあるといわれています。ときには内定獲得のノウハウを学ぶセミナーに参加し、理想の自分像を作り上げて就職活動を行うという話も聞きます。

　そもそもの前提として、複数の内定が出る学生が「勝ち」で、内定が出ない学生が「負け」というわけではありません。あくまでも企業が求める人材像に近いか、遠いかの違いだけです。これは○か×かで正解不正解が決まる受験やクイズとは異なります。

　たとえるならば、柔道は向いていないけどサッカーは向いている、吹奏楽の才能は無いけどバスケットボールは才能がある、というような長所の違いによる部分が大きいのです。

3 就職人気企業ランキングとの付き合い方

　就職の人気企業ランキングというのは時代とともに変わります。人気ランキングは、あくまでも大勢の意見の集大成なのです。大勢の他人にとって就職したい企業1位であっても、それが自分にとって1番である理由にはなりません。

　そこで今回の話題と全く違う芸能人の有名アイドルグループ「ＡＫＢ４８」の総選挙のランキングにたとえてみましょう。ご存知の方も多いと思いますが、2015年度、2016年度は指原莉乃さんが1位でした。指原さんが大勢の投票者にとって魅力的だったということでしょう。

　そして、あなた自身はどう感じているでしょうか。

　もしも、あなたが17位の島崎遥香さんのファンだった場合、「ランキングが高いから、両親も知っているから」という理由で、1位の指原さんに投票はしないでしょう。そして「両親が知っているからという理由だけで」投票するアイドルを変える人もそんなに多くないような気がします。

　ところが、就職活動中は多くの学生や転職希望者が、まるで魔法にでもかかったかのように、今まで読んだことのない就職情報誌、ビジネス誌、ＷＥＢのまとめ記事、新聞など多くのランキングや情報に左右されて、自分ではない誰かが評価した企業を志望してしまう傾向があります。

　そのような過程で急遽決まった志望企業というのは、どの程度自分の本心によるものなのでしょうか。

　他人に惑わされないためには、自己分析が重要になります。

4 普段の自分を分析してこその自己分析

　就職活動をする際に、自己分析を行う人は多いと思います。自己分析の解説本の多くは、「今まで一番頑張ったこと」や「今までで一番感動したこと」など、自分にとって特別な時期の感じ方や行動を中心に分析を勧めるものが多いと感じています。

　特別な時期というのは、「高校最後の部活の大会に向けて追い込んだ数か月間」、「大学受験前にすべてを犠牲にして勉強に集中した数か月」、「短期留学での苦労

経験」などです。どちらもあなたにとって、非日常に近いのではないでしょうか。

　この分析方法で自分の志向に近い企業を探した場合には「過去に最も頑張っていた時の自分」がベースになります。しかし、この時期の取組み方を何年・何十年と継続できるでしょうか。全力のモチベーションを、一生志望先の企業で継続できると感じた方はこの自己分析でもよいでしょう。

　自己分析をする際には、日常生活の自分が「他人よりなぜか魅力を感じて継続していた趣味」、「努力は少なかったが人よりなぜか成果が出たこと」という観点からも振り返ることをお勧めします。「限界まで頑張っている時の自分」と、「日常生活を過ごしている自分」の両方の観点から自己分析をして、出た結論が本当の自己分析だからです。

　就職活動を短期決戦で「限界まで頑張って"盛った"自分」で通して第一志望の会社に入っても、自分と合わない会社に入社した場合はその後がたいへんになることが多く、成功とはいえないでしょう。

　どうしても、自分がやりたいことが思いつかない場合はシンプルに、①自分が今やりたいこと、②自分が今できること、③自分が今しなければならないこと、の３つの観点から考えて、その輪が重なる部分は何かを考えてみてください。

図表 P-3　自己分析の時の考え方

5 優良な中小・ベンチャー企業も調べてみよう

　中卒で7割、高卒で5割、大卒で3割の新入社員が3年以内に退職している「7・5・3（しち・ご・さん）退職」という現象が起き始めて10年以上が経過しています。これは、自社の良いところばかりを強調してPRする企業側の問題もありますが、就職活動の時に「自分は入社後にどう働くか」をイメージしきれていない学生・転職希望者の両方の問題でもあります。

　必ずしも退職が悪いことではありませんが、長く勤める前提で就職活動を行う学生が大多数であることを考えると、決して良いことではないはずです。

　そもそも何百万社とある企業のうち、自分に合う就職先が人気ランキング100位以内の企業に存在する確率は、あまり高くないともいえます。

　そこで、大企業以外にも視野を広げてみましょう。「ブランド志向」、「親や友達の評判」から少し離れて「自分が活躍できそうな企業」、「自分が働きたい環境の企業」をイメージするのです。どうしても「中小企業への就職を候補に入れるのには抵抗感がある」という方は、1度、自分をスポーツ選手に見立ててはいかがでしょう。

　たとえば、プロサッカーの世界では日本人の選手がヨーロッパのチームに移籍する際に、チームの知名度よりも「自分のプレイスタイルに合う」、「試合に出場できる」、「監督が評価してくれる」、「成長できる」といった条件を優先して移籍先を決めることがあります。そして、レギュラーとして出場できる知名度の低いチームで活躍してから、人気のビッグクラブに移籍するケースは多くあります。

　また、甲子園を目指す東京や大阪の野球少年が、自分を評価してくれる指導者や、甲子園に出場できる機会が多い地方の高校に進学して、プロ野球選手を目指すこともあります。

　どうでしょうか、就職活動をスポーツに置き換えると、見方を変えただけで前向きな印象に変わるのではないでしょうか。

　ところで中小企業の魅力とは何でしょうか。1つだけ挙げるとすれば、「多くの企業の中から自分に合う会社を見つけやすい」ことだと思います。

　たとえば、中小・ベンチャー企業の中には数名の規模から始まって、数百名にまで成長している会社も多くあります。そういう会社では、会社の成長が自分の

成長とリンクしやすく成長実感が得られやすいでしょう。

　また、会社の規模は小さいままだけれど、社員に好きな仕事をやって欲しいという家族経営主義的な社長と自分の意見が一致していれば、経営方針に愛着を強く感じることができるでしょう。財務基盤がたとえ弱かったとしても、「この社長なら何とかしてくれる」という期待感があれば、ピンチはチャンスと前向きに捉えて財務状況以上の安心感も得られるでしょう。

　これから先の章で 10 社の中小・ベンチャー企業の特徴や魅力を紹介します。企業ごとに異なる魅力が盛りだくさんです。

8

第1章
ひとつ上の豊かさを目指して
～株式会社千疋屋総本店～

　「水くゎし安うり処」という名の店を聞いたことがあるでしょうか。水くゎしとは、甘い果物という意味です。

　時をさかのぼること180余年、1834（天保5）年に江戸葺屋町（現在の日本橋人形町3丁目）で始まった、のちの「千疋屋総本店」の当初の店名でした。

　老舗中の老舗である同社が、どのように時代の変遷を生き抜き、果物のトップブランド企業として現代まで愛され成長し続けているのか、その魅力についてご紹介します。

【株式会社千疋屋総本店の魅力のポイント】
- 創業180年以上という老舗の伝統に裏打ちされた高いブランド力
- 興味をそそる物語性のある歴史と、魅力的な代々の当主
- 老舗ブランドを陳腐化させず、時代に適応していく柔軟性・革新性
- ブランドを継承する人材を創る教育体制
- 誇りを持って意欲的に働く若手社員

1 企業の概要・特徴

(1) 企業概要 (2018年3月現在)

会 社 名：	株式会社　千疋屋総本店
代 表 者：	代表取締役社長　大島　博
所 在 地：	東京都中央区日本橋室町 2-4-1
創　　業：	1834 年（天保 5 年）
資 本 金：	3,250 万円
従業員数：	正社員 261 名（男 127、女 134）他、パート・アルバイト約 100 名
事業内容：	フルーツ・グロッサリーなどの販売、フルーツパーラー・レストランの運営、洋菓子の製造・販売、ワインの輸入・販売
Ｔ Ｅ Ｌ：	03-3241-8818
Ｆ Ａ Ｘ：	03-3241-1189
Ｕ Ｒ Ｌ：	http://www.sembikiya.co.jp/

日本橋三井タワーと本店外観（写真提供：千疋屋総本店）

(2) 事業概要

　千疋屋総本店の事業内容は、高級果物の輸入・販売です。果物を中心にスイーツ・グロッサリーの販売も手がけ、直営のフルーツパーラーやレストランもあります。洋菓子は自社工場で製造しており、輸入ワインも取り扱っています。本業のほかに、本社ビルのテナント事業（不動産事業）も手がけています。

同社は、日本橋宝町の本社・本店のほかに、都内中心に直営店を多数展開しています。また、全国各地の百貨店・高級スーパーなどでは洋菓子やグロッサリーなどを販売しているほか、名産品展や物産展などの催事にも積極的に参加し、全国的な知名度を高める努力も欠かしていません。そこで千疋屋の味を知っていただくことで、通信販売の利用や上京の際のお土産需要につなげているのです。

近年、飛躍的に伸びているインターネット事業を支えているのは、流通センター併設のインターネット事業部です。各店舗で行っていたギフト発送もここに集約したことで、店舗では来店客の接客に集中できるようになりました。その結果、お客さまの満足度向上につながりました。

多数の店舗展開と複数の事業展開に伴い、従業員は 2018 年 3 月現在で、販売・営業 197 名、製菓工場 21 名、配送 19 名、事務 24 名となっています。

採用に関しては、毎年新卒採用が 20 名程度、中途採用が 10 名程度とのことです。新卒は、過去 10 年くらいは大卒中心でしたが、ここ 2〜3 年は高卒も積極採用しています。社員の平均年齢は 32.9 歳と若手が多く、新卒・中途の区別なく活躍できる組織風土があります。入社 4 年目の中途採用の杉山氏は、総務・人事部長の要職についています。

なお、京橋千疋屋・銀座千疋屋は明治時代に総本店からのれん分けされ、会社組織としてはそれぞれ独立した企業です。現在でも絆は深く、3 社の価値観をそろえるためにグループ会議を行うほか、現場力を高めるために、3 社合同の部門会議も実施しています。菓子製造部の責任者同士が互いの新作を試食するなど、互いによきライバルとして切磋琢磨している姿がうかがえます。

(3) 創業後 180 余年のあゆみ

千疋屋総本店の歴史は古く、そのルーツは江戸時代に遡ります。武蔵国埼玉郡千疋村（現在の埼玉県越谷市東町 3 丁目）で、大島流槍術の道場主を営んでいた大島弁蔵が、苦しい家計を助けるために江戸で露天商を始めました。飢饉や物価高騰で食べ物にも事欠く江戸庶民に、千疋村近辺で採れる野菜や果物を届けたのです。東堀留川の親父橋のたもとで「水くゎし安うり処」の看板を掲げ、出身地の名を取って「千疋屋」という屋号を名乗りました。この 1834（天保 5）年の

創業が、今日の「千疋屋総本店」の始まりなのです。

　2代目当主は、「安うり処」から高級路線への転換を図り、徳川将軍家御用商にも取り立てられました。そして、味にうるさい政財界人のお客さまの要望に応えるために、品質に徹底的にこだわり、国内初の果物専門店として、確固たる地位を築いてきました。

　その裏には、輸送手段も保管技術も未熟であった時代から、よく熟れた食べ頃の果物しか売らないと決め、たとえば「桃をお届け日に合わせてこたつで熟させる」などの労を惜しまなかったり、先見の明といえる着想で誰よりも早く輸入果物を取り揃えたり、国内農場とタイアップして品種改良や品質向上に挑んだり、自社農場で高級マスクメロンの温室栽培も成功させるなど、お客さま重視の革新的な取り組みがありました。

　関東大震災や太平洋戦争など幾多の苦難に見舞われても、決してあきらめることなく努力を続け、昭和13年には株式会社千疋屋総本店として改組しました。創業から180年以上経った今も、そののれんは色あせることなく輝いています。

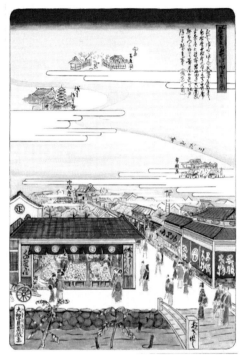

創業当時のイメージ
（写真提供：千疋屋総本店）

2 千疋屋というブランド

（1） 千疋屋ブランドの実体

　「千疋屋」と聞いて、あなたの頭の中にはどのような映像が浮かぶでしょうか？桐の箱に入った高級マスクメロン、洗練された日本橋本店の MAIN STORE、あこがれのフルーツパーラー、大好きなフルーツサンドイッチ、収穫の女神"デーメテール"をモチーフにしたロゴマーク、モスグリーンの包装紙、それとも生き生きと働く販売員の笑顔でしょうか。

　あなたが持つ好ましいイメージ、それこそが千疋屋のブランドなのです。

　前述したように、同社は初代弁蔵の「安うり処」から、2代目文蔵の時代に高級路線へと方向転換し、以来、品質に対するこだわりと、心に響く接客でブランド力を高めてきたのです。

　2005年、5代目当主によって、以下のように「千疋屋ブランドアイデンティティ」が明文化されました。

---

1. アダム＆イブの昔から人類初の糧として愛好されて来た美味いフルーツを広く提供し社会の健康増進に寄与する。
1. 「水菓子倶楽部」の名の如く、最高に美味いお菓子の様なフルーツを世に提供し贈答品としても顧客の信頼に絶対に答える。
1. 店是の「1. 客」と有るが如く、顧客満足度100％のサービスを提供する。

　この「店是」は、「1. 客　2. 店　3. 己（おのれ）」というもの。まずお客さまありきでお店があり、お店があるから、自分がある、という意味だそうです。

　店是がいつからあるのか定かではありませんが、店主はもちろん、全従業員が徹底して守るべきものとして定着しています。

　このようなコツコツとした日々の取り組みによって、お客さまの心の中に、確固たる千疋屋のイメージを浸透させ、それがブランドになってきました。しかし、決して過去に固執し硬直しているわけではありません。

　2001年には「ブランド・リヴァイタル・プロジェクト」を立ち上げ、時代と

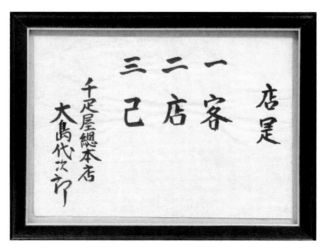

千疋屋総本店の店是

のズレを修正しています。顧客アンケートを実施して、お客さまからみた千疋屋総本店の姿を再確認し、浮かび上がってきた課題の解決に取り組んだのです。

　自分には縁遠い店という認識や顧客の高齢化、古めかしいイメージを改めるため、あえて「高級」という言葉を使わず、手の届く「ひとつ上の豊かさ」を提供することにしました。

　ブランドアイデンティティは、「こだわりと情熱」、「自信と誇り」、「ほかにない自由な発想」を打ち出しました。ポジションとしては、「生活の中の存在」、「独自のスタイル」、「フレッシュな老舗」をめざしました。ロゴマーク（"デーメテール"と千疋屋の"S"をあしらったもの）とロゴタイプ（"千疋屋総本店"）も一新しています。

　もちろん外見だけでなく、中身も進

**ブランドイメージを表す
新ロゴマークと新ロゴタイプ
（資料提供：千疋屋総本店）**

デーメテールがデザインされたフルーツパーラーのメニュー（昭和 46 年頃）
（資料提供：千疋屋総本店）

化しています。日本人の繊細な嗜好の変化に合わせて果物の選別基準も微妙に変え、社長自ら仕入先・提携先にきめ細かく要望を伝えてきました。

　パーラーやレストランのメニュー・味にも見直しを入れています。若年層のお客さまにも親しんでいただけるよう、お手頃価格のスイーツも開発しました。

　商品のブラッシュアップに伴い、人材育成の仕組みも見直しています。最高の商品を取り揃えても、的確な説明やお客さまの心に響く接客ができなければ意味がないからです。「人事もブランドの1つ」と現在の6代目大島社長は言います。

　ブランドの表現としてのロゴは、「ブランドルールブック」を定め、色使いやフォントなど、その使い方を規定しています。商品写真の撮り方についても細かく管理しています。イメージ発信において、統一感や「千疋屋らしさ」を損なうことのないよう、細心の注意を払っているのです。

(2) あらゆる角度からブランドを体現

　千疋屋総本店のモットーは「ひとつ上の豊かさ」です。その「ひとつ上」のために、日々味わいを極め、おもてなしをつくしています。ひとつ上の豊かさをつくる「食材」、「時間」、「空間」、「心」にこだわり抜いているのです。

　「ひとつ上の豊かさをつくる食材」には、徹底的な品質管理の姿勢が表れています。果物文化のパイオニアとしての誇りを持ち、その目利きで選び抜いた果物を、最高の状態でお客さまにお届けする。その心は、"お届け日に合わせてこたつで桃を熟させた2代目"の時代から変わらず、今日でも信頼できる産地・生産農家とともに、その年の気候、花や実の具合を注意深く管理しています。

　その徹底ぶりたるや、すべての商品に保証書を付け、お客さまが納得できるまで何度でも交換に応じるほどです。顧客満足を品質の基準にしているのです。

日本橋本店の店内の様子（写真提供：千疋屋総本店）

「ひとつ上の豊かさをつくる時間」には、6代続く老舗としての誇りと自覚が表れています。株式会社としての株主よりも、商店としてのお客さまを大切にしながら、揺るぎない「信頼」を核に、時代の変遷のなかで絶えず進化し続け、のれんをいっそう輝かせて次世代につなぐ。こうしている間にも、日々歩み続けて時間を重ねているのです。

「ひとつ上の豊かさをつくる空間」には、伝統ある商業のまち「日本橋室町」への愛着と本店への自信が表れています。創業以来日本橋室町とともに発展を続けてきた同社の現在の本店は、1階には果物・関連商品販売の「MAIN STORE」と、新鮮な味わいを手軽に楽しめる「Caffe di FESTA」を、2階には果物を使ったオリジナルデザートの店「フルーツパーラー」と、本格フレンチ＆ワインの店「デーメテール」を構えています。幅広い年齢層のお客さまが、さまざまなシチュエーションで果物文化を楽しめる造りになっているのです。

「ひとつ上の豊かさをつくる心」には、従業員教育に力を入れる同社の姿勢が表れています。特別な価値を持つ果物を販売する職業に誇りを持ってほしいという想いです。同社のこだわり抜いた最高級の果物は、お客さまに最高のサービスができる販売員がいてこそ生きるもの。果物を愛し、知識を深め、お客さまに最高の価値を提供できるように会社としてもサポートしているのです。

3 「店舗マネジメントができる果物の目利き」を育てる
（1） 求める人材の将来像

同社は人材育成、従業員教育に非常に力を入れています。「お客さまに最高のサービスができてこそ、千疋屋の果物は生きる」、「最高のサービスに、良い人材は欠かせない」という大島社長の想いがあるからです。

「人事もブランド」の言葉どおり、「ブランド・リヴァイタル・プロジェクト」のなかで、能力給への切り替えも断行し、日頃の努力が平等・正当に評価される環境を作りました。「指示待ちではなく、自律的・積極的に課題を見つけ、解決に取り組んでほしい」と大島社長は語ります。

千疋屋従業員として誇りを持ち、自信を持って最高級の果物をお客さまにお奨

めするには、「果物の目利き」でなければなりません。種類によって旬の時期や長さが違い、また、気象の変化などで毎年均一な品質にはならない果物の目利きになるには、年々経験を積む以外の近道はなく、10年ほどかかるそうです。

目利きを育てると同時に、「マネージャーを育成したい」と大島社長は考えています。千疋屋総本店としての中核的な価値観は全店舗で統一性を持たせながらも、各店舗には地域性や客層を考えた品揃え、ディスプレイ、接客など、枝葉の部分は安心して任せたいのです。

果物の目利きという職人的な技能と、腕利きの店舗マネージャーという実務能力を兼ね備えた人材を育てようとしているのです。

(2) “ひとつ上の豊かさをつくる「心」を育てる

千疋屋総本店で取り扱っている高級果物は、年によってでき具合にばらつきがあります。果物が本当に美味しくなる旬の時期は毎年変わり、その経験を積み重ねていくことで、果物の目利きを育成するのです。

新卒・中途採用ともに、新入社員はまず集合研修として、会社沿革やブランディング、商品知識、就業規則などを座学で学び、店舗見学も行います。

配属される部署にかかわらず、店舗実習や製菓工場の実習、梱包・発送業務の実習も、1～2か月かける集合研修のなかでじっくり取り組みます。全社的な仕事の流れをひととおり体験することで、会社のことをより深く理解できるのです。

集合研修後、販売部やパーラー部、製菓工場などに配属されます。配属後はOJT（On-the-Job-Training の略、実務を通じた教育）が中心になり、それぞれの専門性を高めます。「注意されたり叱られたり、先輩に親身になって指導してもらいながら、全部に本気で頑張れる」と目を輝かせて語る若手社員の姿が印象的でした。

数年ごとに直営店や百貨店、本店など配置換えもあり、地域性や客層の違いに対する対応力も身につきます。

また、果物の目利きになるために、国内外の旬の果物を実際に食べて学んでいきます。社員旅行を兼ねた産地研修では、1泊のバス旅行でメロンなどの果物の産地を訪れ、大田市場の見学も取り入れています。

さらに、ブランディングについても同社では丁寧な教育を重ねています。社員教育用のブランドブックを作成し、千疋屋総本店の歴史やこれからめざすビジョン、「悠然・自然・卓越」のコンセプトやスタイル、さらにはお客さまとのふれあい事例などの共有を図っています。

研修では講師に社長や役員が登壇します。経営層は外部のお客さまだけでなく、お客さまと接する社員に対しても、繰り返しブランドメッセージを発信し続け、全社一丸となってブランド育成につなげています。若手社員からは「忙しい合間でも少しずつ教われてよかった」と嬉しい声もあります。

人材教育のなかでは、自己啓発も手厚く支援しています。たとえば日本商工会議所主催の「販売士」は全社員に取得を推奨し、社内勉強会やテキストの無償配布、初回受験料の会社負担、合格時には報奨金も支給されます。ほかにも、食品表示検定協会主催の「食品表示診断士」、ソムリエ、ＰＯＰ、ラッピングなどのさまざまな資格や技能の取得を支援し、社員のチャレンジを応援しています。

（3）千疋屋ならではの福利厚生

同社での仕事生活を支える福利厚生にもまた、魅力的な制度があります。たとえば月額7,000円のバークレーヴァウチャーズ（加盟店で食事ができる福利厚生用食事券の発行会社）の食事券の配布があり、加盟店での食事が楽しめます。

直営レストラン「デーメテール」のディナー優待券の配布もあります。自社のサービスをお客さまの立場で体験することで気づくこともたくさんあるでしょう。それがまた、顧客満足度100％をめざす同社のサービス向上につながっていくことは想像にかたくありません。自社商品の優待購入も同様です。

ほかに、千疋屋3グループの合同新年会も、普段接することの少ない部署やグループの仲間と交流する機会です。仲間との交流としては、昔から部活動のようなものもあったそうです。

現在は、会社公認のフットサルチームがあり、アフターファイブには都内全域からメンバーが集まって練習に励んでいます。店舗・事務所の完全禁煙とあわせて、社員の心身の健康にも配慮されているのがうれしいところです。

4 会社を元気にする社員のパワー

　千疋屋総本店のブランド力を高めている理由は、老舗であることと、他社に追随を許さないこだわりによる高品質な商品に加えて、何よりも働いている「人」にあります。

　大島社長は、働きやすい職場環境の実現に向けて、さまざまな取り組みをしています。同社は経営者が社員を大切にすることで、社員のやる気を生み出し、社員のやる気が会社の業績拡大に貢献している好例といえます。

　同社に働く若い女性、惠若菜さん、増田美穂さんから職場の魅力について話を伺いました。お二人は、やる気あふれる若いパワーで同社を元気にしています。

(1) フレッシュな感覚で店を盛り上げる

　惠さんは2015年4月入社。フレッシュさを人一倍感じさせています。果物は製菓には欠かせない食材であり、学校では製菓の勉強をしていた惠さんにとっては、学生時代から果物はとても馴染みある存在でした。

　また、学生のときから同社のジュースが好きで、フルーツパーラーで仕事をすることを夢見て同社に就職しました。

惠　若菜さん（写真提供：千疋屋総本店）

　惠さんの職場は日本橋本店のデーメテールです。本人が希望する職場に配属され、強いやりがいを感じている様子でした。配属当初は果物の皮むきがうまくで

きなかったので、自宅でも練習を繰り返したそうです。薄く綺麗に皮むきをする先輩に憧れ、練習を積み重ねました。キウイフルーツは、1,000個以上の皮むきをしました。

　今では、無駄なく果物の形のままで綺麗に皮むきができることを、家族に自慢することもあります。また、お客さまから「凄く綺麗に皮がむけていますね。どうしたらこんなに綺麗にむけるのですか？」といわれることもあると、嬉しそうに話してくれました。

(2) 若いパワー全開で元気な店にする

　増田さんは2011年4月入社で、大活躍している若手社員です。増田さんは本店に配属されたときに、今までよりも売上が増えるように頑張ろうと思ったそうです。本人のパーソナリティによるところもあるのでしょうが、同社を訪れてみて、組織風土がそうさせているのではないかと感じさせる雰囲気がありました。

　通常は、3年程度で店舗間の異動があります。増田さんは、「異動して新しい環境に身を置くことは新しいことを知ってさまざまなことを学べるチャンス」だと言います。

増田　美穂さん（写真提供：千疋屋総本店）

増田さんは、前の店舗で働いていたときのお客さまが「あなたから買いたいから」と現在働いている店舗にきてくださったり、お客さまからクリスマスプレゼントをもらったりした経験を生き生きと語ってくれました。お客さまから感謝されることに強いやりがいを感じていることが、強く伝わってきます。
　同社の店舗はそれほど広くないスペースです。店舗スタッフは店内のお客さまの顔が見えやすいなかで、お客さまの視点に立った接客によって信頼関係を育みました。日頃の誠実な仕事に対する姿勢がお客さまの心を捉えています。

(3) ブランドを支える首尾一貫した姿勢

　惠さんと増田さんは正社員です。千疋屋総本店にとっては正社員として長く雇用することで、商品・サービスのエキスパートを育成することが可能となります。
　同社のキラーコンテンツは、農場で栽培する段階からこだわりをもった高級果物です。入荷した果物は店頭に出すだけの価値があるのか、値段に相応しい品物なのか厳しい基準で選ばれます。厳選した結果、同社のブランドに相応しくない果物は商品とはならず、選ばれた果物のみがお客さまに提供されます。
　値段は他社に類を見ない高価格です。それだけに、高いプライドを持って、"千疋屋総本店のブランド"を守り抜くという想いが、従業員一人ひとりに求められているのです。
　お客さまの信頼に応えるためには、果物を見る目は確かでなければならないのです。前述のとおり、果物の目利きになるには、10年はかかるため、長く同社で働いてもらうことが必要なのです。
　「千疋屋総本店のメロン」は同社従業員一人ひとりの、妥協のない商品へのこだわりが育てたブランドなのです。

千疋屋総本店のメロン

厳しい目利きで選ばれた果物の最高品質を維持するためには、従業員がひとつひとつの商品を真剣に扱うことが必要となります。果物は同じ向きで長時間置いていると糖度のかたよりができてしまうので、店を閉めるときは果物の向きを変えて、糖度が均等になるようにしています。最高の味を維持するためにできることは何でもするのが"千疋屋総本店のおもてなし"です。

　このような首尾一貫した、妥協が一切ないこだわりが、他社にはないブランド力となります。首尾一貫してこだわりぬくためには、長く働いている正社員が必要不可欠な存在なのです。

(4) 千疋屋総本店で働くということ

　千疋屋総本店は、惠さんと増田さんにとっては、就職する前は憧れの存在でした。千疋屋と聞いて夢を感じる人は多いでしょう。千疋屋と聞けば「あの千疋屋ですか？」と聞き返してしまうような存在感があります。

　同社で仕事ができること自体が、二人にとっては夢がかなったことかもしれません。2人とも、仕事について語る様子が楽しそうで、千疋屋で仕事ができることが本当に嬉しいことなのだろうと感じられました。

本店の気品あふれるデーメテール店内　フルーツパーラー
（写真提供：千疋屋総本店）

同社の商品は非常に高価であり、従業員には、千疋屋総本店のブランドに相応しいサービスを実現する能力が求められます。そのためには、習得まで何年もかかる高いスキルを身に付ける必要がありますが、それもやりがいのあることです。

　また、同社には、早く仕事が終われば早く帰れる組織風土があるので、働きやすいと感じながら日々の業務をこなせている様子です。

　従業員同士の職場外での交流も活発で、仕事が終わったら飲みに行き、仕事のことを話したり、愚痴をこぼしたりするとのことです。適度にうさを晴らすことはストレスを溜めないことになり、明日の仕事への活力となります。従業員同士で何でも言い合えることは、組織としての結束力を高めることにもなります。

　このような職場の雰囲気づくりは、生産性を向上することにつながります。仕事を早く終わらせてみんなで楽しもうと思うことで、効率的な仕事の段取りを考え、創意工夫も生まれます。実に人間らしい働き方といえます。

　同社では、お中元、お歳暮、クリスマスの繁忙期以外であれば長期の休みを取得することができます。恵さんと増田さんは、長期休暇を利用して旅行を楽しんでいるとのことで、仕事とプライベートを両立させています。

5　店舗運営のプロフェッショナル
（1）高い従業員満足度の実現

　同社は誰もが認めるブランド力があり、そのブランド力による集客があるのは間違いがないことです。

　しかし、お客さまと接する1人の従業員による心ない対応が、ブランドを損なう可能性は常にあります。それを防ぐためには、従業員が満足して働ける環境をつくることが重要となります。従業員が満足しているからこそ、よりよい仕事ができて、お客さまに満足感を感じてもらえるのです。

　同社は、大島社長の就任後20年間で、売上が3倍に伸びました。その裏では、従業員が夜遅くまで働かなくてよいようなシフト勤務とし、必要以上に作業負荷がかからないような社内体制を整備していきました。育休からの復帰時には、店舗でのシフト勤務が難しい場合は製菓工場への異動も配慮するそうです。

このような取り組みは、会社としてはコスト負担が大きくなりますが、大切な人材に長く働いてもらえる会社であることを大事にしたいという、社長の想いによるものです。従業員の自社に対するロイヤリティを高めることが、お客さまのロイヤリティを高めることにもつながった好例です。

（2） 求められる現場対応力

同社では、北海道から九州までの日本国内と海外にも事業を展開しています。広い地域での店舗展開は、地域性に応じた商品やサービスの提供も必要です。

そのため、現場での迅速な判断が必要となることも多いので、経験値から判断ができる人材が必然的に求められます。その分高いスキルが必要となりますが、それは仕事をするうえでのやりがいにもなります。

大島社長には、ひとつの店舗全体のことを把握できるだけの人材に育って欲しいとの想いがあります。そのため店長には、店舗を運営するにあたり必要な知識を学ぶことができる「販売士」の資格取得を義務としています。

どのような仕事でも、実践的な経験と知識の両方が必要です。知識を得る方法として資格取得はお勧めです。資格試験の勉強を行うことで、その分野の知識を体系的に学ぶことができ、未経験のことにも取り組める応用力が養えるからです。

（3） 老舗ブランドで働く誇り

同社は高級果物の専門店として成長を続けてきました。高級果物専門店としては事実上独占状態ですが、この状況に甘んじることなく挑戦を続けています。

果物が好きで、人と接することが好きなことが、千疋屋総本店で働くにあたっては大切なことです。同時に、この会社で働いているということの誇りを持つことも重要です。

"千疋屋総本店"という会社の歴史からブランド力の中身、仕事の内容ややり方、販売の現場でお客さまがどんな様子なのか、お客さまと店頭のスタッフとの間でどんなやり取りをしているのかを知っておくことが、同社で働く誇りや喜びにつながります。

したがって、本部のスタッフ要員であっても、新入社員の教育では全員が店頭

に立って販売を経験します。お客さまと直接接しておもてなしの心を学び、お客様に喜ばれて商品が売れてこそ売上や利益となることを知り、さらなるブランド強化につながることを体験します。

（4） 千疋屋総本店の事例を踏まえた企業選定のポイント

　千疋屋総本店のような長い歴史を持つ会社が生き残ってきたのには、理由があります。会社を取り巻く環境に応じて変革を行い、歴史のなかで信用力やノウハウを培っているからこそ生き残れているのです。

　環境の変化に対応ができない会社は、おのずと自然淘汰されるのが世の常です。会社の長い歴史のなかで育んだ信用力や独自のノウハウは、他社が簡単に真似できるものではなく、強い企業となる力の源になるものです。

　老舗企業の伝統を受け継ぐ担い手となって働きたいと思った人は、就職・転職活動の時に以下の点に着目して会社選びをするとよいでしょう。

① 取り扱っている商品やサービスに魅力を感じるか

　多くの中小の老舗企業は、とんがった商品やサービスを持っています。中小企業にとっては、差別化された商品やサービスが最大の武器となり、そこにマーケットで選ばれる理由があります。

　実際にその商品やサービスに触れ、関わる機会を持ってみてはどうでしょうか。千疋屋総本店のように消費者を相手にしたサービスであれば、店舗に訪れてみて、どんな商品をどんな風に取り扱っているのか見てみるのもよいと思います。

② 働いている従業員の様子はどうか

　店舗の場合は、働いている従業員の様子を直接見ることができます。そこで、どんな表情で働いているのか見てください。誇りをもって仕事をしているのであれば、生き生きとした表情をしていると思います。会社にとって人材は重要な経営資源でもあります。働いている従業員が幸せを感じて長く働けることが大切であることはいうまでもないことです。

　商品について質問をしてみるのもよいです。この会社で頑張っていきたいと思

っている従業員であれば、自社の商品やサービスについて勉強をしているものです。どんな風に説明をしてもらえるでしょうか。商品やサービスについて知ることも企業を選ぶ参考になると思います。

③ 楽しみながら学び続けられるか

　千疋屋総本店の場合、果物の目利きとして一人前になるまで 10 年かかります。単に実務ができるだけでない、職人的な技能の領域までカバーするためです。

　このような長期的な学びには辛いことや苦しいこともあるでしょう。コツコツ取り組む忍耐力も要求されるでしょう。それを楽しみながら挑み続けられるかどうか、自分の性格や 10 年後のありたい姿を見据えて考えてみることが大切です。

28

第2章
成功したら祝福を、失敗したらユーモアを！
～株式会社シービージャパン～

　東京都足立区に本社のある株式会社シービージャパンは、「会社の目的は、人を大切にすること」であり、「社員の幸せづくりこそが経営者の役目」とうたい、その実践を通じて、企業としての成長も果たしている会社です。

　自社工場を持たないファブレス・メーカーとして、デザインや機能性に富んだ家庭用品、家電製品、インテリア用品、ペット用品などの幅広い分野での商品企画、工場への製造委託、海外工場からの輸入、卸や小売店への販売、さらには他社の販売支援などを行っています。

　創業後10年余りで、その事業規模が約10倍にまで成長した同社の成長の秘訣をご紹介します。

【株式会社シービージャパンの魅力のポイント】

- 「社員の幸せづくりのために会社が存在する」という経営方針
- 経営者との濃厚なコミュニケーションで認識共有化
- 社内勉強会、幹部候補生の外部研修など、人材育成制度が充実
- 部署・経験年数を問わず、新製品開発を提案することを奨励
- 社員の家族、地域社会への配慮を具体化

1 企業の概要・特徴

(1) 会社概要（2018 年現在）

会 社 名：	株式会社　シービージャパン
代 表 者：	代表取締役会長　青木　宏
所 在 地：	東京都足立区梅島 2-18-2
設　　立：	2000 年 9 月
資 本 金：	9,900 万円
従業員数：	40 名
事業内容：	家庭用品、家電製品、インテリア用品等の企画・輸入・販売・卸等
Ｔ Ｅ Ｌ：	03-5888-1051
Ｆ Ａ Ｘ：	03-5888-1052
Ｕ Ｅ Ｌ：	http://www.cb-j.com/

(2) 社是・経営理念・行動指針

　　株式会社シービージャパンの「シービー」とは、変化（Change）と基本（Basic）に由来しています。これには、①普遍的な基本を徹底すること、②日々変化する環境に対応しお客さまのニーズを先読みすることで、③お客さまを感動させる商品を供給しよう、という意味が込められています。

　　社是には、禅語である「日新　日々新　又日新」（ひにあらたに、ひびにあらたに、またひにあらたに）を掲げ、「変化を恐れず常に新しいことにチャレンジする」と社内外に宣言しています。

　　さらに、「会社は公器と考え、無駄を省き透明性を高め、お客様、従業員と協力メーカー様、株主様、そして社会に貢献」しようという決意から、「世界中の人々に暮らしと心を豊かにする商品を作り続ける」を経営理念にしています。

　　そして、経営理念の実現にむけて、同社の役員・社員の一人一人が常日頃から心掛ける具体的な行動指針を、「10 のルール」として定めています。

第2章 成功したら祝福を、失敗したらユーモアを！～株式会社シービージャパン～

【シービージャパン　10のルール】
1. 夢と志を持って常に改革とチャレンジを！
2. お客様の立場に立って期待を上回ること！
3. 仕事は誰よりも当事者意識を持ち、真剣に取り組むこと！
4. すべての事柄は原因があって結果が出る！
5. 成熟市場の商談は【スピード・品質・コスト】である！
6. 成功したら祝福を、失敗したらユーモアを！
7. 経営指針を理解し、輝ける個人をめざすこと！
8. 物事の本質を見極めること！
9. 報告・連絡・相談を活発に行うこと！
10. 企業として、人として常に正しい事をしよう！

(3) 沿革
① 創業の思い

　シービージャパンは、青木会長が52歳の時に、26年間務めた卸売会社を辞め、マンションの1室からスタートしました。2000年9月に、青木会長を入れた社員数が4名で立ち上げたファブレス・メーカーでした。

　ファブレス・メーカーとは、自社工場を持たず、自社企画をもとに製造は他社に委託する製造業のことです。

　卸売業の経験が長い青木会長が、あえて製造業として起業したのには、ある狙いがありました。

　「卸は、メーカーが1,000円と売値を決めれば、1,000円で売らなければなりません。若い時から独立志向が強かった自分から見れば、ちょっと付加価値を付ければ

青木　宏　会長

1,000 円のものでも 2,000 円、3,000 円になる。でも卸ではできない。そんなジレンマが私をメーカーへと駆り立てたのです」

② 創業当初の資金繰りは苦労の連続、そして人のありがたみを痛感

「創業期は苦労が多かった、その苦労していた時期に、人に助けられたことは大きな財産であった」と、青木会長は言います。

卸売業と違って、メーカーは商品が売れなければ不良在庫を抱えるリスクがあります。また、まだ名の知られていない企業の場合、新しい商品の製造を実際に依頼するには資金が必要です。日本の工場は月末締めの翌月払いが一般的なので、商品が売れれば資金を支払いに回せます。

しかし、日本だと人件費が高いので製造コストが高くなってしまい、コストを抑えるために海外工場を探すことになります。しかし、海外工場との取引では前金で払わないと製品を作ってもらえず、という状況で、最初の 10 年近くまで、資金繰りにはたいへん苦労したとのことです。

「本当に資金が回らなくなった時に、長い付き合いのある香港と台湾の取引先が『後払いでいい』と製造を引き受けてくれました。また、ポンと当面の運転資金を貸してくれました。販売先である国内の卸売業や小売店のなかでも、通常では他社との取引実績があったり、経営状況が良くなかったりすると取引開始の審査に通らないのですが、前職から付き合いのある数社から『青木さんなら』と人物本位で取引を開始できました」と、人のありがたみを実感しました。

③ 多くの子会社を設立

同社の従業員数は、あえて 40 名程度に留めています。中小規模経営を継続する一方で、創業翌年の 2001 年 9 月には自社の物流だけでなく、他社の国内物流支援までも行う子会社「株式会社シービーロジ」を設立しました。

2008 年にはネット販売事業を担当する「株式会社 Living Earth」、さらに海外戦略を担う子会社として 2012 年に「シービー韓国」、「シービー上海」、2013 年に「シービー香港」、2014 年に「シービー台湾」を設立し、グループとしての事業展開を図っています。

現在では、子会社・関連会社を含めてグループ全体の従業員数は 200 名近くになります。しかし、上場することなく、中小企業であり続けることが大事、というのが創業者である青木会長の想いです。

④ 革新的なビジネスプランとして都から承認、さらに経営革新優秀企業として表彰

同社は、2007 年に東京都から「経営革新計画」の承認を受けました。「経営革新計画」とは、経済産業省の中小企業支援施策の 1 つです。申請企業の経営を革新し、新規性と実現可能性を有する計画を、都道府県が審査・承認します。

応募する中小企業にとって、認定審査は狭き門です。しかし、承認をめざして経営計画を策定すること自体が、ビジネス目標達成の可能性を高めます。

さらに、同社では承認から 3 年後の 2010 年に「経営革新企業／優秀賞」として東京都から表彰されました。この賞は、とくに顕著な経営向上を果たした企業に対して贈られるものです。

⑤ トータルビジネスサポートで取引先の困りごとを解決

経営革新計画において、シービージャパンが東京都から革新的と評価されたビジネスプランが「トータルビジネスサポート」です（図表 2-1 参照）。

トータルビジネスサポートとは、商品の企画、製造、物流、販売、さらにはアフターフォローまでの一連の流れをトータルで管理するしくみです。個別にかかっていたコストや工程を分析して、必要のないコストや無駄な作業を削除し、最大限に価値を保って最終消費者であるお客さまに商品を届けるためのビジネスツールとして、青木会長が命名しました。

同社はメーカーであるとともに、自社のシステム、金型、デザインなどのさまざまな資源を活かして、本来はライバルであるはずの他のメーカーをも含めて、さまざまな業種業態の企業を「ビジネスパートナー」と位置付けています。一社では足りない部分を補うことで取引先の困りごとを解決し、課題達成を果たしていく、という新たなビジネスモデルを持った企業です。

図表 2-1 トータルビジネスサポート

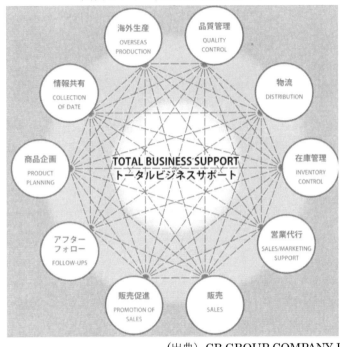

（出典）CB GROUP COMPANY PROFILE

⑥ ワーク・ライフ・バランスの優れた企業として、足立区から認定

　同社は、2012 年には足立区からワーク・ライフ・バランス推進認定企業として認定されました。

　ワーク・ライフ・バランスとは、仕事と生活の両方のバランスがとれて、充実している状況のことです。生活には子育てや介護、地域活動なども含まれます。

　この認定は、仕事と生活両方の充実をはかるよう、企業におけるワーク・ライフ・バランスの取り組みを進めるため、都道府県や区市町村において優れた取り組みを行っている企業を認定するものです。同社では、後述する社内勉強会の実施やノー残業デーが認定の理由でした。

⑦ 「2016年度しんきんゆめづくり大賞」を受賞

　東京都信用金庫協会では、年に1度、都内信用金庫の会員となっている中小企業から、模範となる成功事例を対象に「優秀企業表彰」を行っています。

　シービージャパンは、2016年（平成27年度)の非製造業部門の最優秀賞である「しんきんゆめづくり大賞」を受賞しました。

　受賞理由として、①単に業績が好調であるだけでなく、②トータルビジネスサポートのような、極めてユニークかつ先進的な技術の開発および新商品の開拓、販売、取引先支援を行っていること、また、③人を大事にしていくという考えからの具体的な人材育成の施策、④企業は公器であるという信念からの社会貢献の取り組み、があげられています。

2　社員の幸せづくりが会社の発展につながる
(1)　大企業とは違う「自分のやりたいことを自由にできる」醍醐味

　「正直、大企業に入って働くよりも、自分のやりたいことを自由にできる会社です。中小企業らしい風通しのよさとか、結束力はあるし、なによりも、自分に上昇志向がある人にはおすすめです」とシービージャパン営業部の五十嵐梨枝さんは話します。

　五十嵐さんは、中途採用入社です。前職は、同社の取引先である卸会社の営業担当。つまり、取引先であった同社に関心を持ち、転職してきたのです。

　五十嵐さんが同社にほれ込んだのは、「シービージャパンが会社経営の基本原則を社員の幸せに置き、社員の幸せづくりを1丁目1番地に掲げる会社だから」なのだそうです。

　青木会長は、自分の後継者である38歳の樋口社長には日々、「おまえの仕事

営業部　五十嵐　梨枝さん

は社員の幸せをどこまで作れたか、だけだ。それ以外の事は考えなくてもいい」
と言っているのです。

（2）社員の幸せ、会社の成長、自分の成長が好循環となる意識づくり

　同社では、「『社員の幸せ』のためには『会社が成長』しないといけないし、会
社が成長するには社員がモチベーションを上げることが前提条件だから、あわせ
て『自分（社員）の成長』が必要だ」、という意識が会社全体で共有化されていま
す。それが結束力につながっている点が、シービージャパンの特徴です。

　しかし、意識の共有化を進めることは、40 数名という少数精鋭とはいえ、簡
単なことではありません。商品開発や人材育成、社会貢献などのさまざまな取り
組みのなかで、同社が掲げる「社員の幸せづくり」について濃厚なコミュニケー
ションをとりながら、意識を共有化しようという日々の努力がみられます。

（3）上場して創業者利益を得るよりも、社員の幸せづくりの方が大事

　青木会長は創業時から「10 年後には上場する」と誓い、資金繰りに苦労しな
がら上場をめざして経営を続けました。

　しかし、実際に上場が目の前に見えるようになり、コンサルティング会社に上
場に向けた調査を依頼する段階になると、悩みが出てきました。

　「上場すると一般投資家の保護、という名目でコンプライアンス（法令順守）
は厳しくなる。配当を求める株主の声は強くなるだろう。より短期的な利益追求
や、逆に極端にリスクをとることを嫌がる株主もいるだろう。株主は株を売れば
その日のうちにその会社から退出できる。けれども、従業員は退職しないかぎり、
その会社からの退出はできない。創業者利益を得て喜ぶのは創業者だけだ。社員
は本当に喜ぶのだろうか。むしろ、上場せずに、株は社員に配ろう。社員は宝、
という教育を共有しよう」という想いに至ったのです。

　実際に、上場できる基準にまで同社の経営実績は向上しました。しかし、結局、
上場方針は変更し、社員に株式を配布する従業員持ち株制度をつくりました。

　さらに、社員が株主になるのだから、経営状況をガラス張りにしようと、上場
企業並みの時価会計を導入したのです。月次決算は持ち回りで自部署の状況を社

員に説明させることで、社員に株主としての意識付けを行っています。

（4）新社長就任パーティの主役は、社員の家族

青木会長の想いは、会社としての重要なイベントにも表れています。

新社長の就任パーティを開催するにあたり、通常は、新社長のお披露目なので大事な取引先を呼びます。

しかし、同社では、取引先は一切呼ばず、社員の家族に、ここまで同社が続いたことの感謝を伝えることとしました。開催が旧正月にあたるので、パーティに出席できない子どもも含めて、青木会長から個人的なお年玉をあげ、社員の奥様にはすべて個人として花束を渡して、「ありがとう」という。家族を含めてどこまで社員を大事にするか、この1点を大切にしました。

3 垣根を超えた新製品開発のスピードが強み

（1）商品開発の提案に「ノー」はない

営業部の五十嵐さんによると、"商品開発の提案にノーといわれることはありません"とのことです。企画開発部だから製品開発しかやらない、営業部だから製品を売ることしかやらない、ということはなく、営業でも何か作りたい、と思えば、企画部署の人が協力してくれます。お客さまからの話をヒントにしたり、自分で考えたり調査したりして、色や形だけでもこう変えたら、という提案をすると、とりあえず、やってみよう、考えてみよう、となるのです。

こうして、毎年生み出す商品の多さが同社の強みになります。同社の新商品は年間370 SKU（製品の最小管理単位）。同社が扱う商品は全体で1,300 SKUですから、毎年4割近い商品を入れ替えていることになります。

青木会長からは、「常にセブンイレブンを研究しなさい。提案されたものは売れなくてもいいから作りなさい。失敗しても失敗することで得られること、覚えることは大きい。我々は失敗してもせいぜい300万か400万円程度。それでつぶれる会社ではありません。失敗したからといって、ボーナスや評価を下げることはしません。新商品開発のスピードを上げて、処分商品を見極めることで、廃棄

する商品費用を下げれば、それはそのまま利益につながります」と励まされます。

　同社の行動原則である 10 のルールに、「夢と志を持って常に改革、チャレンジを！」や「成功したら祝福を、失敗したらユーモアを！」とあります。まさにそのルールが体現されているのです。

（2）製品ライフサイクルはペンシル型に

　同社がスピードを重視した経営を行っている背景には、①同社が扱う雑貨はスケールメリットを追求することが難しい（多品種少量生産）、②製品の流行り廃りが早い（製品ライフサイクルの短さ）ことがあげられます。

　1 つの製品が市場に登場してから退場するまでの「製品ライフサイクル」が変化していることを踏まえて、「製品ライフサイクルは、昔はきれいな富士山型をしていましたが、今はペンシル型（図表 2-2 参照）。メーカーは売れるからと作り続けると、気がつくと売れずに過剰在庫を抱えてしまう。だから、訴求するターゲットをしっかり決めて戦略的に、売れるときにタイミングよく売れる商品を仕掛ける。言うのは簡単ですが実現は難しい。けれども他社も同様。ゼロサム社会のなかで自社が勝ち組として生き残るには、新規開発のスピードを緩めることはありえません」と青木会長は言います。

図表 2－2　製品ライフサイクル

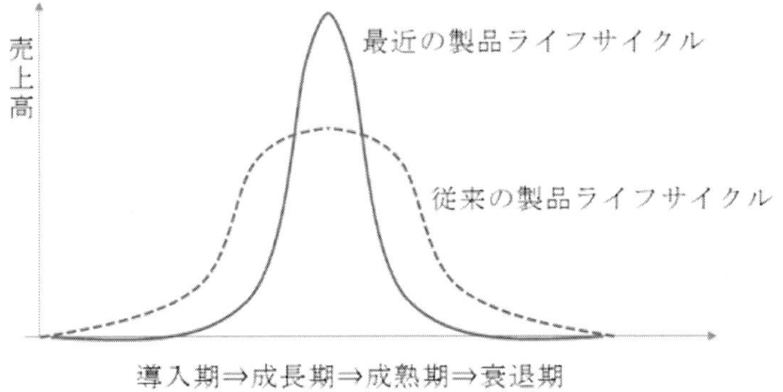

(3) すべての事柄は原因があって、結果が「出る」!

　青木会長は自身も市場調査を日々実践し、社員への意識付けを続けています。60代後半になった今でも、最近の流行の店、雑貨店、六本木や赤坂のファッション系の店にも行きます。

　製品開発を行う企画開発や、製品の品質管理を行う社員にも、常にアンテナを広げてネタを拾い、なぜ売れているのかを考えること、製品には必ず不満があるはずなので、それを消すアイデアを考えることの重要さを日々伝えています。

　この考えが、10のルールの1つである「すべての事柄は原因があって結果が出る!」に込められています。

(4) 最近の開発成功例
① とりあえずやってみてヒット商品になった「スレートディッシュプレート」

　「スレートディッシュプレート」は、粘板岩という黒い岩石を使った平らな皿です。青木会長は提案された当初、「こんなものが売れるとは思わなかった」と振り返ります。ところが、平らで黒いことで「おしゃれなお皿」としてさまざまな女性向け雑誌で取り上げられ、読者プレゼントにも採用されるなど、高い評価を受けたのです。

　写真での見栄えがいい、いわゆる「インスタ映え」することから、インスタグ

スレートディッシュプレート

ラムにスレートディッシュプレートを使った自慢の料理の写真がたくさん上がっています。それが口コミとしてさらなる人気を呼ぶ好循環になり、1か月で45,000個以上売れる人気商品となっています。

② 営業からの提案で、成功したコーヒー専用ボトル「カフア」

　これまでに幾度も失敗したにもかかわらず、ターゲットを絞ることでヒットしているのが、コーヒー専用のステンレスボトル「Qahwa（カフア）」です。

　カフアは、ボトル内部に世界で初めてテフロン加工を施したもので、においや汚れが落ちやすくなっています。また、飲み口を直径5センチの大サイズにして、ボトルの蓋を開けたときにコーヒーの香りの良さを楽しめることが売りです。

　色は5色で、カラー毎に刻印（エンブレム）のデザインもすべて異なり、ありきたりでないモノが欲しいというユーザーに向けて発信しました。

　カフアの開発には、ある営業担当者の時代をとらえた観察力、発想力が生きています。カフェチェーン店の台頭やコンビニの高品質・低価格コーヒー販売に見られる消費者のし好の変化を見事にとらえたのです。

　実際に、カフア開発中に営業担当があるチェーン系カフェオリジナルボトル制作の提案も行い、採用され、店内で販売されることになりました。

　カフアは、「コーヒー専用」に特化することで、大手ボトルメーカーがやらないニッチ（隙間）を狙い、差別化に成功した商品と評価することができます。

　今では、さらにカフアコーヒー専用タンブラー、お茶や紅茶専用の小さめの355mlの「ペルレ」を開発し、市場拡大を狙っています。

　ここにも、1回の成功では終わらせないよう、同社が重視している「原因と結果」にこだわり、「なぜ」を繰り返す工夫があります。

コーヒー専用ボトル　カフア

③ SNSを活用した消費者とのつながりづくり

　同社のヒット作の1つが「フードマン」。「男性」限定の弁当箱で、かつビジネスバッグに「立てて入れる」という斬新なアイデアで、指名買いが続いています。

　興味深いのは、同社が、SNSから発展した「フードマン」のファンミーティングです。Facebookやインスタグラム上で参加を呼びかけ、フードマンファンの集いを開催したのです。イベントでは料理研究家の先生の講演を聴き、先生が用意した食材を使ってお弁当作りを行いました。その模様は、同社のFacebookページだけでなく、参加者のFacebookページを通じて拡散し、多くの「いいね」を得て、新たな消費者の獲得につなげるという流れを生んでいます。

　フードマンに限らず、同社はメーカーでありながら、SNSを通じた消費者とのつながりづくりを重視しています。中小企業がBtoBとBtoCの両方を手掛けると、マーケティングや販促活動には手間もコストも大きくかかるのが常です。青木会長は「湯水のように数億円をかけてテレビ広告を打っても効果は続きません。もう完全にSNSの時代です」と言い切ります。

　大企業に比べて投資できる資金が限られている中小企業でも、SNSが普及した現在だからこそ、金を使わず知恵を使うことで、自社のこだわりを理解する消費者と個々につながることができる時代になった、ということです。

フードマン

4　「幸せづくり」の人材育成と社会貢献
（1）　マーケティングから時事まで、幅広い社内勉強会

　「若い人は新聞を読まない、とよくいわれています。私も、朝ゆっくりと新聞を読む時間はないです（笑）。でも会社で教わった時事ネタを営業先で話すと、『よく知っているね』と言ってもらえます」入社1年目の杉野冬星さんは、同社の勉強会について、このように語りました。

杉野さんは昨年900人の応募から選ばれた3人の新人の一人。前職では事務系の仕事でしたが違う仕事がしたい、と営業志望で同社に応募しました。「初めての営業経験に戸惑いながらも、社内勉強会をありがたく思っています」と杉野さんは言います。

勉強会は、たとえば業務に関連したマーケティングをテーマにして、月2〜3回、8時半から9時半の1時間行う「マーケティング大学」。また、若手社員むけに時事ネタや教養をテーマにした「昼勉(ひるべん)」は月2〜3回、12時45分から13時30分まで開催されています。おもに青木会長が登壇しますが、ときには、いろいろな外部講師を招くこともあります。

営業部　杉野冬星さん

マーケティング大学では、経営戦略の学習としてランチェスターや孫子を取り上げることもあります。一方、若手を対象にした昼勉では、たとえば、電気代について、「何アンペアにすればもっと安くなるのか。独身生活であれば20アンペアでよい。ブレーカーが飛んだらどうする、と不安かもしれないが、電気製品のスイッチを1つ切ればいい。経費は年で考えなさい。月300円違っても年間では3,600円違う。この発想が大事。自分の生活のコストダウンができない人は、会社のなかでもコストダウンはできないのだから」などがテーマとなります。

また、青木会長は、自分がトップシェアをとれるように対象市場と自社製品を組み合わせるランチェスター戦略にかけて、「彼氏・彼女との関係もランチェスター戦略。欲しいものを欲しいときに提供しないと、金をいくらかけても相手は喜ばない」と、身近な例で具体的に解説します。

社内勉強会の狙いは、実学としての賢さこそが社員の武器となり、社員の幸せにつながるとの青木会長の想いがあるからです。勉強は学問のための学問ではなく、自分が習ったことを実践して、人に影響を与える実学が大事なのです。

（2）新人教育として、社長と交換日記

　新入社員は、新卒・中途採用とわず、入社後の３か月間は、青木会長との交換日記が課せられます。

　新入社員は１日を振り返り、ノートに書き込みます。青木社長はすべてに目を通し、一人ひとりアドバイスを書き込んだり、業務知識を指導したりするなど、それぞれの社員のレベルにあわせてやりとりします。

　「５人入社すると、５人を相手に手書きするのですが、入社したての社員にわが社がめざす方向を向いてもらうためには大切なことです。今の新人は、うちが会社らしくなってから入社したので、やっていることはすべて当たり前と思ってしまいがち。でも、創業からの苦労も新入社員に共有してほしい。そして、なぜ『社員は財（たから）』というのか、なぜ自己研鑽してほしいのかを共有化してほしい。そのための積み重ねです。だから、毎日３か月間、交換日記を続けることは苦にはなりません」と青木会長は言います。この交換日記は繰り返し行う個人レッスンなのです。

　「交換日記が終わったあとに仕事に悩んだときがありました。『どうすればいいか』と聞く前に、会長が本をポンと貸してくれたりします。会長は一人ひとりを見てくださっています」と、杉野さんも会長の想いを確かに受け止めています。

　「鉄は熱いうちに打て」の言葉どおり、この最初の３か月の交換日記で培った経営トップとの１対１の濃厚なコミュニケーションが、社員教育の土台となっています。

（3）幹部候補生は積極的に外部研修に参加

　青木会長には、経営者を育てたい、という想いもあります。「社長を最低５人はつくりたい。経営者になることで社員が成長し、成長した社員が多いほど、会社は安定します。会社を育てることは人を育てることなのです」と言います。

　この目的のために、中堅の幹部候補生には、積極的に外部研修にも参加させています。１年間、毎月宿泊で行われる経営者研修には、役員や中堅社員から現在、４人が参加しています。この研修はコストもかかりますが、知識のみならず、他社の人々との関わりをもつことで、社外とのネットワークを広げ、情報を得るこ

と、学んだことを実践につなげることも狙いです。実際に、このような社外ネットワークから開発された商品も多いそうです。

（4） みんなで残業しない「ノー残業デー」を恒常化

「ノー残業デー」の取り組みは、日頃から残業を少なくし、仕事の効率を上げることにつながります。社員は、17時半の定時できちんと仕事を終えるよう段取りを考え、祝日・休日は事務所をクローズして、社員はきちんと休む。そして、残業するかわりに家族とのふれあいを増やしたり、自己研鑽したりすることが「当たり前」となることを、社員に求めています。

実際に、同社のノー残業デーは、2012年から実施していましたが、2017年の今では、ノー残業が当たり前になり、自然消滅しました。これも「賢い生活・賢い仕事」の形の1つとして、社員の幸せづくりにつながっています。

（5） 全社員を前に、各自が自分の仕事をコミットメント

同社では半期に1度、「行為計画発表会」との名称で、全社員40名が参加した会議を開催しています。社員それぞれが、これまでを振り返り、これからを見据えたうえで、自ら定めた具体的な目標を全社員で共有し、努力した成果を半年後に発表します。半年ごとに繰り返し行い、社員自らのPDCAを回しています。

経営トップを含めた全員に自分の仕事をコミットメント（約束）して、その結果が良ければボーナスなどに反映されるので、大きなモチベーションになります。

（6） 週2回の社外「掃除の日」

同社では、社会貢献にも力を入れています。これも、社員が幸せになるための社会との関わりの一環です。たとえば、全員総出で近所を掃除する「掃除の日」を、朝の約10分、週2回行っています。

「掃除していると、皆さん、『ありがとうございます』と声をかけてくださいます。気持ちいいな、と思います」と杉野さんは振り返ります。

青木会長も「ご近所といい関係をつくることは、個人としても、会社としても大事なことです」と、こうした取り組みを重視しています。

(7)「企業として、人として常に正しい事をする」とは何か

　「企業として、人として常に正しい事をしよう！」はシービージャパンの10のルールの1つです。同社は、2011年3月に起こった東日本大震災では、1千数百万円の寄付と、4t車3台分の支援物資を3日後に仙台に届けるといった活動を行いました。また、足立区は会社が生まれ育った土地、というご縁から、感謝を込めて毎年、商品とお金で1千数百万円の寄付を行っています。

　第2ビルのリニューアルには、健康管理のための社員食堂とともに、こども食堂や託児所を新設する予定です。最近「子どもの貧困」が社会問題化していることから、「貧しくて食えないのも、親が子どもに食わせていないのも一緒。一番、困っているのは子ども本人という点では一緒だ」という考えからです。

　託児所についても同様に、社員のためだけでなく、近所の子供も受け入れられるよう、足立区や東京都と準備をすすめています。

(8) モチベーションが高い職場に触発され、「輝ける個人をめざす」

　杉野さんに、改めて職場と自分自身について振り返ってもらいました。

　「うちの会社は、やれることの幅が広いので、社員一人ひとりのモチベーションが高い、と思います。私自身は、もともとは自分の目標に対して、自分独りでこつこつと頑張っていくマイペース・タイプでした。それが、会社が自由にやらせてくれて、かつ、周りのモチベーションの高さが伝わってくるので、だんだん、自分も負けないように頑張ろう、という今までにない気持ちも芽生えるようになりました。そういうところは、自分にとっての成長になっています」

　生活や仕事がレベルアップし自分の変化に手ごたえを感じ、それが、また仕事を通じて取引先相手の幸せにつながる、そしてさらなる自分の成長として返ってくる、という好循環

杉野　冬星さん(左)　五十嵐　梨枝さん(右)

を体験しているからこそ、生まれる言葉です。

これも、10のルールの1つである「輝ける個人をめざす」の具体化です。

5 会社はソーシャルカンパニー
(1) 会社はソーシャルカンパニーであり、経営者の持ち物ではない

「会社というものはソーシャルカンパニーです。経営者の持ち物ではありません。だから、身内は一切入れません。同族経営はしません」

これは経営の健全性を保つためにも個々人と会社をきれいに分離し、オーナーカンパニーを脱して、社会から評価されるソーシャルカンパニーをめざすという、青木会長の決意です。

(2) 採用したいのは、独立志向の強い人

青木会長の求める人材は独立志向の人です。「『自分は独立したい』そういう人にこそ来てほしい。そして、独立にむけて支援をしたいですね。また、第2新卒、大歓迎です」

さらに、将来の経営者育成と有望な新規事業開拓のため、社長の直轄となる特任部長を4名おき、それぞれが新規事業を担当しています。

たとえば、家電分野では、ペットの洋服、ドロ汚れなどのちょっと洗いに特化した二層式の小型洗濯機「マイセカンドランドリー　ハイパー」がロングセラーを続けています。

「マイセカンドランドリー　ハイパー」世界最軽量キャニスター「カルバ」

また、世界最軽量のキャニスター型掃除機「カルバ」の開発にも成功しました。

ペット用品では、天然素材に見えるが樹脂製で丸洗いできる「洗えるねこちぐら」や、猫の爪とぎとジョイントマットを自由に組み合わせ、猫が楽しめる「にゃんとしても研ぎたい」など、ひと味違う商品を開発し、実績をあげています。

特任部長はいわゆる社内ベンチャー制度。各事業で資本と責任と権限を持ち、事業が軌道に乗ればゆくゆくは別会社化し代表権を与えることも考えています。

洗えるねこちぐら　　　　　にゃんとしても研ぎたい

（3）１つの大会社よりも、たくさんの中小企業をつくりたい

最後に、青木会長は確信をもって語りました。

「私は、50人限界説という自説をもっています。１つの中小企業は50人以上の社員になると限界です。経営者の管理できる範囲ではありません。経営者たるもの、当然、顔と名字だけでなく、下の名前まで頭に入っている。家族構成、住まいの状況、さらに体調まで、社員のすべてがわかる。そうでなければ社員の幸せづくりはできません。その限界は50人です。私は、『社員を大事にする、社員の幸せづくりを行う中小企業』をたくさんつくりたいのです」

（4）就活生や転職を考えている人に向けて
① 大企業とは違う「なんでもできる」醍醐味に魅力を感じるか

大企業は組織が大きいため、ヨコ構造となる事業の幅は広く、かつタテ構造で

ある部や課の階層も深くなり、自分の担当業務は明確に区分されます。一方、中小企業では、自分の業務をこなすことは当然ですが、組織のヨコの壁が薄くタテの距離が短いため、社員は全体を見据えなんでもできる醍醐味があります。

「なんでも」の範囲は、組織によって異なりますが、どのような経営理念のもとで、どのような業務に取り組むことが求められるのかを確認しましょう。

② 人材育成を具体的にすすめる仕組みはあるか、実際の運用はどうか

多くの経営者は「人材は人財」といいますが、具体的な人材育成制度をもつ中小企業は多くありません。大企業でも「実際の運用は別」ということもあります。

「どのような人材育成制度があるのか」採用担当者に遠慮なく聞くとともに、実際にそこで働く社員に「人材育成制度の運用実態」について伺う機会を確保することをお勧めします。

③ 家族への感謝、地域社会への貢献について、どう考えるか

働く目的は「自分が金を得るため、自分の名誉栄達のため」、「家族の生活を支えるため」、「地域や社会に貢献したい」と、人それぞれです。

同社では、「家族を含めた社員の幸せを追求しよう」という想い、「会社はソーシャルカンパニー」という想いのもとに、成長を続けている会社です。

日本には、同社のような人を大事にする魅力的な中小企業が、まだまだ数多く存在しています。

第3章
クリエーターを愛し、愛される会社
～有限会社三幸～

　足立区の小さな工場、有限会社三幸（みゆき）が世界中のクリエーターから注目を集めています。日本独特のアクリル加工技術、アクリル素材を通じてクリエーターのものづくりに貢献し、クリエーターからの支持を集めています。

　三幸のクリエーターを愛する社風、社員のものづくりに懸ける想いなど、同社の魅力の一端をご紹介します。

【有限会社三幸の魅力のポイント】
- 他社にはない圧倒的な品揃え
- お客さま（クリエーター）同士が交流する場づくりをめざした活動
- ものづくりに熱い情熱を持つ社員がものづくりを楽しめる環境
- 自主企画製品販売が認められていることによる社員の高いモチベーション
- 一人ひとりの社員を大切にする社風と実践活動

1 企業の概要・特徴

(1) 企業の概要（2018 年 6 月現在）

会 社 名： 有限会社　三幸

代 表 者： 代表取締役社長　小沢　頼寿

所 在 地： 東京都足立区東和 5-12-24

創 　 業： 1970 年（昭和 45 年）

資 本 金： 300 万円

従業員数： 14 名（アルバイトを含む）

事業内容： アクリルパーツ制作、アクリル板販売

Ｔ Ｅ Ｌ： 03-3629-0331

Ｆ Ａ Ｘ： 03-3605-9780

Ｕ Ｒ Ｌ： http://www.miyukiacryl.tokyo/

(2) 事業概要

　有限会社三幸は、1970 年に葛飾区亀有で三幸彫刻所として創業し、約半世紀にわたってものづくりの技術力を磨いてきました。

　現在はアクリル雑貨と素材の生産・販売をおもな事業としています。近年ではその技術力が認められ、コンテストで受賞することが多くなっています。

　たとえば 2013 年には、東京の町工場の集まる 5 区が優秀なものづくり製品に与える「TASK ものづくり大賞」の最優秀賞を受賞しました。2015 年に若い三代目の社長が就任し、社員は活気のある職場で技術を磨いています。

　同社の売上の約 8 割は、他社ブランド製品の製造受託（ＯＥＭ）によるアクリル雑貨の生産が占めています。アクリル素材の切断、切削、仕上げに関する卓越した技術力を活かし、高品質が要求される商品を受託生産しています。

　代表的なものでは、大手アパレルのアクセサリーやミュージシャンのコンサートやイベントグッズなどを生産してきました。

　売上の残り約 2 割は、小規模なクリエーター向けのアクリル素材販売が占めています。彼らは三幸のアクリル素材を用いて雑貨や美術品を作成する 1 人、また

は数人規模の集団です。

三幸は他に例をみない 6,000 種類ものオリジナル素材を生産、販売しており、クリエーターの幅広い要望に応えている、という大きな特徴を持ちます。その素材は「TOKYO ACRYL」のブランドで販売しており、国内だけでなく海外のクリエーターにも広く知られています。

三幸の工場・店舗の入口

2 クリエーターを愛し、愛される会社
(1) 数多くのクリエーターに事業が支えられている

現在、同社のアクリル素材を購入するクリエーターは 150 人近くにのぼります。クリエーターからのアクリル素材への評価は高く、ほとんどが固定客です。この固定客のクリエーターを多く持つことが、同社の大きな特徴です。

多くの固定客のクリエーターは安定した売上を生み出します。他社ブランド製品の製造受託（OEM）のような金額が大きい仕事は、価格競争によって海外に流れるリスクがあります。

しかし同社は、多くのクリエーターから定期的に発注を受けることで、低いリスクで安定した売上を確保しているのです。これがOEMへの依存度が高い他社にはない強みとなっています。

クリエーターの多くは、インターネットや百貨店などで商品を販売しており、商品購入者の声を直接聞くことができる立場にあります。このようなクリエーターによる現場からのフィードバックを商品や技術開発に反映させることで、他社にはない競争力を得ることができています。

(2) クリエーターに愛されるには理由がある

　三幸が多くのクリエーターに愛される理由は大きく2つあります。

　1つは「クリエーターが望むさまざまなアクリル素材を提供できること」、もう1つは「お客さまを温かくもてなす社風があること」です。いずれもクリエーターを愛する社風から生まれてきたものです。

① クリエーターの要望に応える豊富な素材提供

　同社では、6,000種類ものアクリル素材をクリエーターに提供しています。一般的な同業者の場合、一定の生産数がなければ素材を新たに作成しないため、これだけ多様な素材を管理することはありません。同社は少ない生産数であっても投資ととらえ、素材を積極的に作成する方針で生産を進めてきました。

　クリエーターのことを考え、要望に応えてきた結果の賜物です。要望に広く応えた素材を提供できることが、クリエーターに愛される大きな理由なのです。

三幸の販売しているアクリル素材

② お客さまをもてなす社風

　三幸にはお客さまを温かくもてなす社風があります。たとえば初めて来社したお客さまを社員全員で出迎え、記念写真を撮り、感謝の言葉を伝えています。

第3章 クリエーターを愛し、愛される会社～有限会社三幸～

社員と取材メンバーの記念写真

　このおもてなしを受けたお客さまはみな驚き感動します。
　クリエーターの多くは同社の工場を訪れ、社員とコミュニケーションを取りながら購入する素材を選びます。その際にこうした社風に接することで、クリエーターが同社のファンになっていくのです。
　三幸ではこのような活動を10年以上続けてきました。
　「お客さまに喜ばれることは続けていきたい」と、小沢社長はこの活動について言います。長年にわたってお客さまの笑顔を積極的に引き出してきた社風が、多くのクリエーターに喜ばれ、今では同社の大きな力になっています。

(3) クリエーターにより愛される会社へ
　現在、同社は多くのクリエーターに支持されているという特徴を活かし、新たな目標を持っています。それは「クリエーター同士が情報交換を行い、創作活動を活性化させるハブになる」というものです。
　素材の使い方、販売先など、クリエーターと接することで集まるノウハウが同社にはあり、ハブになることで豊富なノウハウを活かすことができ、業界を盛り上げていきたいと考えています。また、クリエーターが多く集まることで、彼ら

との取引の機会を増やすことができ、売上の拡大が見込めます。

　「クリエーターの創作活動を活性化させるハブになる」という目標を実現するため、国内だけではなく海外を含めて、クリエーターが集まるような仕組み作りを行っています。

①　アクリル素材や加工に関する文化・歴史の博物館

　その1つとして、工場にアクリル素材や加工に関する文化・歴史を紹介できる博物館の準備を進めているのです。現在の社屋はアクリル雑貨・素材の生産工場、アクリル素材の販売店舗としての役割を持っていますが、これらに加えて、博物館としての役割を加えようというものです。

　2020年の東京オリンピックまでに整備をし、海外を含め多くの興味あるクリエーターに訪ねてもらうことを狙っています。

②　海外へのアピール

　2つ目として、海外のクリエーターが多く集まるように、海外の展示会に積極的に参加し、海外へのアピールを図っています。

　アクリルで多様なデザインの素材を作る技術は海外ではあまりみられず、日本独特のものです。日本ならではの色合いも加えれば、海外では真似できない強い魅力を持った素材として打ち出せます。

　同社の海外へのアピールは効果を出しており、魅力ある素材を求めて実際に海外からクリエーターが訪問するようになっています。

③　社員のコンシェルジュ能力の向上

　さらに、クリエーターにとって有用な情報が提供できるように、社員のコンシェルジュとしての能力の強化を図っています。「クリエーターの作りたい製品に対してどのような素材が使えるか」、「クリエーターの作る商品の販売先としてどのような市場があるか」など、より踏み込んだアドバイスを受けられるという魅力を訴求し、クリエーターが積極的に集まる場にしたいと考えています。

　ほかにも、工場で機械の時間貸しができる場所を設けるなど、クリエーターを

集める工夫を考えています。これらの活動によってクリエーター間の交流が進み、よりクリエーターから愛される会社になることをめざしています。

海外クリエーターとTOKYO ACRYLのコラボレーション作品

3 好きなことを仕事にできる
(1) ものづくりを楽しめる場所

　三幸には、ものづくりが大好きな人たちが働いています。絵を描くことが好きな人、レーザーのアクリル加工に興味がある人などさまざまですが、「ものづくりが大好き」という点で共通しています。製品を作るだけでなく、クリエーターとの交流もあり、ものづくりの世界を楽しめる環境で働いています。

　好きなことを仕事にしているので、社員の仕事に対する熱意は非常に強いものがあります。社員が積極的に情報収集をし、最先端の機械や商品のトレンドなどが自然と社内で共有される社風になっています。

　3Dプリンターなどの機械の最近の品質、若い人たちに人気になり始めたキャラクター、取引先に関わるニュースなどの話が職場でよく話されているそうです。

社員のスキル向上への意欲も高く、足立区の主催する「ものづくりゼミナール」などの外部講習に自主的に参加し、技術力などのスキルを磨く社員もいます。

社内の風通しはよく、先輩からの技術やノウハウの伝達は円滑に行われています。アクリル加工などを専門に教える学校はないため、社員は先輩からの指導によって一から技術を習得していきます。

特定の工程に専属して仕事を行う方針ではないので、あらゆる工程の技術を学ぶことができます。商品の生産に関わるすべての工程を自身のみで担当することもでき、ものづくりの醍醐味を味わうことができます。

(2) クリエーターとして自主的に活動できる

同社のモットーは「自分で考え、自分で作って、自分で販売する」です。社員は、取引先やクリエーターから発注されるアクリル商品を作りながら、隙間時間を利用して自らも商品を考案・企画し、製造することができます。これが社員の技術力とモチベーションの向上に役立っています。

社員の製造した商品はスタッフオリジナルブランドとして販売されています。お祭り好きの社員が手がける下駄や千社札をモチーフにしたアクセサリー「和風花」など、人気ブランドとなったものもあります。

最近ではバレッタ（髪どめ）などのヘアーアクセサリーの人気があるそうです。

 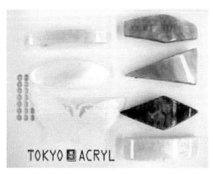

和風花ブランドのストラップ（左）、オリジナルブランドのバレッタ（右）

「自分で考え、自分で作って、自分で販売する」活動は刺激的で、社員にとって、技術やマーケティングのスキル向上のよいモチベーションになっています。

世界中のアーティストやデザイナーが作品を表現するために集うイベントでも販売しています。イベントでは社員が自らの作品を販売し、お客さまの反応を体感することができます。

伊藤さんは、「このイベントでのお客さまの喜びの声が、入社してから一番心に残った体験」と語ってくれました。成功体験として記憶に強く残り、ものづくりがより好きになり、それが今の仕事の大きな原動力となっているようです。

社員の伊藤さん（左）、伊藤さんがデザインフェスタで販売した商品（右）

（3） 夢が実現できる

三幸でのものづくりで夢を叶えた社員もいます。伊藤さんは大の野球好き。いわゆる「野球女子」で、その熱い想いから、ファンのプロ野球球団に同社でのグッズ製作をもちかけたところ、球団と取引のある大手マーケティング会社を介して、グッズ製作の取引につながりました。同社の技術力、伊藤さんのものづくりに対する強い想い、好きなことを実現したいという熱意から生まれた結果です。

伊藤さんの現在の夢は、台湾などの海外のイベントで自分の作品を販売することです。社長は仕事において社員が夢を持つことを称賛し、実現に向けサポートをしていきたいと考えています。

伊藤さんだけでなく、夢をかなえたいという想いを持つ社員は多く、それぞれ夢や目標を達成しようと努力することが、結果として会社のビジネスに貢献することになります。同社はそのような社員の夢の実現を手厚くサポートしています。

4　三幸の魅力的な取り組み
(1) イベントや展示会への積極的な参加
　同社は国内外を問わず、数多くのイベントや展示会に出展しています。これは同社の技術力を認知してもらう目的があります。同社は世界中のクリエーターのハブになることをめざしており、そのためにも多くの人にその技術力を知ってもらう活動を進めています。

　イベント、展示会への参加は、いろいろな方からの意見を聞くことができ、商品を見直す機会を得る目的もあります。展示会などで聞く意見は、その後の製品開発・販売などにとって重要なのです。

　また、社員の技術力やモチベーション向上にも役立ちます。初めて会う方とも円滑なコミュニケーションをして意見を引き出せるように、社員全員で毎朝笑顔を作る訓練をしていることも、スキルアップの1つです。

第3回町工場見本市 2017 での小沢社長と展示の様子

第3章　クリエーターを愛し、愛される会社〜有限会社三幸〜

伊藤さんのように、イベント、展示会に向けた商品開発や商品に対するお客さまからの声が、自らの技術力、モチベーション向上の活動の原動力になっている社員が多くいます。イベント、展示会への参加は、会社、社員のどちらにとっても大きな価値のある活動になっているのです。

（2）社員による見学

三幸のものづくりは、注文どおり正確につくるだけでは満足しません。実際に商品を使うお客さまの利用シーンや喜ぶ姿をイメージし、商品に作り手の想いを込めることを大切にしています。他社ブランド製品の製造受託（ＯＥＭ）でも自主製作でもその姿勢に違いはありません。

同社では、このお客さまが喜んで商品を使うイメージを養うため、社員で揃って人気店や販売現場に見学に行く文化があります。一流店や人気店の見学は、業種を限定していません。「なぜ人気があるのか」、「どこがすごいのか」など、業種にとらわれず参考となる取り組みを学び、自分たちのサービスに活かすのです。

自分たちが納入した商品が実際に販売されている場所を訪れ、販売現場の見学もします。「どのように商品が売られているのか」、「どんな人が購入しているのか」、「どのくらい売れているのか」などを実際に目で見て確かめ、今後の商品開発やものづくりに活かすためです。

（3）風通しのよいオープンな職場

「みんなに来てもらえる工場」が、三幸のめざす姿です。多くのクリエーターが素材選びのために工場に来ます。また、ものづくりが好きな若者をアルバイトとして積極的に受け入れる活動をしています。さまざまな人が出入りするためか、同社の工場はおしゃれな「街カフェ」のような、明るくオープンな雰囲気です。

素材選びや加工の相談に来るクリエーターに対して、社員は自社の持つ技術やノウハウの提供を惜しみません。これには技術をオープンにすることで、業界を活性化する狙いがあります。クリエーターとのものづくりに関する情報交換も積極的に行います。

この風通しの良さが、クリエーターにとってとても魅力ある環境になっており、

多くのクリエーターの固定客を持つ1つの要因になっています。

「ものづくりの喜びを多くの人に知ってもらいたい」という想いから、継続して実施している人事施策のひとつが、学生アルバイトの受け入れです。ものづくりに興味がある学生を積極的にアルバイトとして受け入れています。

学生は、大学や専門学校でデザインなどを勉強しながら、学校の授業がない時間帯や曜日に同社で働き、アクリル加工などのものづくりの技術を学んでいます。相模原から約2時間かけて通う学生もいます。ものづくりが好きな若者にとっても、とても魅力ある環境になっているのです。

このようなノウハウを惜しみなく伝える姿勢について、「ノウハウがどんどん広まって増えて、同業者が市場に増えていけば、僕らの業界も良くなっていくのではないか」と小沢社長は言います。

小沢社長には20代でこの業界に入り、同業者からノウハウや知恵を得て技術力を磨いてきた背景があります。同業者が年々減っていくなか、自分たちのノウハウを使って同業者が増えることには抵抗がないそうです。むしろ負けないように切磋琢磨していきたいという気持ちが強いのです。

三幸の会議室の風景

（4） 働きやすい環境

　三幸は、2010年度に「ワーク・ライフ・バランス推進認定企業」として足立区から認定を受けました。「就学前の子の看護休暇制度（有給）」や「ボランティア休暇および手当の導入」、「仕事と家庭の充実への配慮や取り組み」などの独自の取り組みが評価されたためです。アルバイトを含めても社員が14名と少ないからこそ、一人ひとりを大切にし、会社ができるだけサポートをしています。

　同社の勤務時間は通常9〜18時です。しかし、共働き世帯で小さな子どもがいる社員には、1時間早く出社することも認めています。また、子どもの発熱など突発で休む社員に対しては、残りの社員で業務を補完し合っています。会社だけでなく社員同士が互いの事情を理解し「相互扶助」の精神で助け合っています。

　このような取り組みの結果、小沢社長によると、同じ業界のなかでも同社で働く社員の勤続年数は長く、定着率も高いとのことです。「社員が楽しく長く働ける環境を作りたい」という視点で活動を続けてきた結果の賜物といえます。

5　就活生や転職を考えている人に向けて

（1）　三幸の魅力と求める人物像

　三幸の社員は「ものづくりが大好き」な人ばかりです。その情熱を原動力として、アクリル加工などの技術を一から身につけてきた社員が多くいます。同社には技術やノウハウをオープンに伝達しあう文化があるため、情熱があれば技術は習得しやすい魅力的な環境です。技術力がなくても、絵を描くことや商品を作ることなど、ものづくりに情熱を持てる人を三幸では求めています。

　また、「自分で考え、自分で作って、自分で販売する」をモットーとしています。自ら商品を企画・作成・販売する、という夢が実現できる魅力的な会社です。

　夢や目標を持ち、積極的に自分の好きなことを仕事の形に変え、楽しめる人を求めています。同社はそのような人の想いの実現をサポートする体制があります。

　社員からは、目を輝かせながら楽しんで仕事をしている印象を受けます。それはものづくりを通じてクリエーターの作品に貢献したり、自らの作品でお客さまから温かい声を得られたりするなど、高いモチベーションを維持できる環境が整

っているからこそです。

　ものづくりを心から楽しみたい方はぜひ同社を訪問してみてください。温かいおもてなしを受けられることでしょう。

(2) 三幸の事例を踏まえた企業選定のポイント

　三幸のような魅力あるものづくりの会社で働きたいと思った人は、就職・転職活動において以下の点に着目して会社選びをするとよいでしょう。

① 楽しみながら仕事ができる環境にあるか

　日常生活の多くを仕事に費やす以上、楽しく仕事ができる会社を選定すべきです。そのためには、実際に会社を訪問し、社員が楽しんで仕事をしているかを確認するとよいでしょう。楽しんで仕事をしているようであれば、その原動力となるものが何なのかを聞き、自分にも同じものが得られるかを確認しましょう。

　たとえば三幸では、仕事を通じて「自ら企画した商品を作成して販売することで夢が実現できる」、「お客さまの声を直接聞くことができる」という機会が得られます。また、世界中のクリエーターの創作活動に貢献ができ、大きな感動を生むような作品に使用される可能性を見いだせます。これが社員のものづくりへの高いモチベーション維持の原動力となっています。

　社員が楽しみながら仕事をしている会社には、相当な理由があるはずです。その理由と自分との相性を考え、納得のいく会社を選べば、楽しんで仕事ができることになるでしょう。

② 職人としての実力を得ることができるか

　ものづくりを仕事にする以上、職人としての高い実力を得ることは重要です。キャリアアップを望む場合、勤務していた会社を離れなければならなくなった場合など、人生のなかで職人としての実力を問われる場面は少なからずあります。自分のキャリアを見据えたうえで、求める実力を得られるかをあらかじめ確認し、企業を選定すべきです。

　たとえば三幸では、アクリル素材の制作やアクリル雑貨の生産について、国内

外で評価される魅力的な技術を持っています。また、技術やノウハウを惜しみなく社内で伝達しあう文化があり、職人として早く大きな成長をすることができます。このように、アクリル素材の制作やアクリル雑貨生産の職人としての高い実力を得られる環境が整っています。

　ほかのものづくりの会社でも、会社の武器となっている技術が必ずあります。その技術と自分のキャリアとの相性を考え、職人として求める成長ができるか確認したうえで、会社を選ぶとよいでしょう。

③　ワーク・ライフ・バランスを重視した働きやすい職場になっているか

　近年は仕事と生活のバランスを重視する社会になってきており、大企業、中小企業などの企業の規模に関係なく、ワーク・ライフ・バランス推進活動を行う企業が増えています。長く楽しんで仕事と生活を続けるため、ワーク・ライフ・バランスを重視した企業選定は重要です。

　企業選定の前に、企業の施策を確認するとともに、可能であれば信頼できる第三者機関からの認定や口コミなどの客観的な評価も確認できるとよいでしょう。

　たとえば三幸では、独自の取り組みによってワーク・ライフ・バランスを推進する活動を続けており、足立区から「ワーク・ライフ・バランス推進認定企業」の認定を受けています。

　実際にこの認定を裏付けるように、社員はのびのびと働いています。結果的に同じ業界でも勤続年数が長く、定着率が高いと認知されています。

　ほかの会社でも、多くの会社が何らかの施策を取り始めています。企業の取り組む活動とその成果を聞き、その内容の信頼性を確認し、自分の望む生活との相性を考え、納得のできる企業を選定するとよいでしょう。

64

第4章
社員とともに成長する労働力創出企業
～株式会社木村工業～

　中小企業で働くことの魅力として、若いうちから責任のある仕事を任されること、社員一人ひとりが会社に与える影響が大きいこと、などが一般的にいわれています。

　しかし、大きな仕事でもこなせるように、社員が能力を高めていける仕組みや、仲間と支えあう環境、働きやすい環境が揃っていなければ、社員が業務量やプレッシャーに潰されてしまうリスクがあるともいえます。

　株式会社木村工業は社員のやりがい、働きやすさを高める環境作りを重視し、社員とともに成長をしている会社です。

　本章では同社の魅力についてご紹介します。

【株式会社木村工業の魅力のポイント】

- 「労働力創出業」というユニークな事業展開
- 社員の能力を高めるための充実した人材育成プログラム
- 社員のやりがいを高めるためのさまざまな仕組み
- 社員が社長に何でも言えて、自ら会社を変えていける風土
- 社員間の強い仲間意識と支えあう風土

1 企業の概要・特徴

(1) 企業概要(2018 年 4 月現在)

会 社 名：	株式会社　木村工業
代 表 者：	取締役社長　木村　晃一
所 在 地：	東京都大田区中馬込 3-8-3
創　　業：	1969 年（昭和 44 年）7 月 15 日
資 本 金：	4,000 万円
従業員数：	工事部 51 名、管理部 9 名、経理総務部 3 名
事業内容：	水道工事、一般土木工事、施設管理・清掃業務、警備業務
Ｔ Ｅ Ｌ：	03-3778-9211
Ｆ Ａ Ｘ：	03-3772-1434
Ｕ Ｒ Ｌ：	http://kimura-kougyou.com

(2) 事業概要

　株式会社木村工業は、ガス配管および道路工事の経験を経て創業された会社で、現在は水道工事、一般土木工事、施設管理・清掃業務、警備業務を行っています。

　水道工事は同社の主軸となる業務で、水道局発注のライフラインメンテナンス工事を主に、古くなった水道管を新しい耐震化構造の水道管へ取替えています。

　一般土木工事では、大田区発注の下水工事や道路工事等、案件工事を行っています。民間工事の受注にも力を入れています。

　施設管理・清掃業務では、河川緑地管理や公園管理等を行っています。付随業務として、各施設等の清掃業務もあります。

　警備業務では、交通誘導警備を中心に行っています。隊員同士の密な打ち合わせ・現地確認、時間厳守を徹底し、スムーズでわかりやすい誘導を心掛けています。木村工業独自の社内教育により、高度な気配り、目配りで安心できる警備サービスを提供しています。

夜間水道工事の現場

(3) 経営理念とともにある会社

　木村工業は"「共に育ち　共に活き　共に発展」安全を社会の安心に広げ　未来を創造してゆく木村工業"という経営理念を2008年から掲げています。

　「共に育ち　共に活き　共に発展」とは、社員と会社がともに成長できるような会社となることを意味しています。

　そして、そのような会社となることで、社内の環境面、経営面が安全になります。会社が安全となることで、お客さまや社員、協力会社などすべてのステークホルダーに安心を広げていく、という意思が経営理念に表されています。

2　木村工業の発展を支えるさまざまな取り組み

　同社は、リーマンショック後の減収減益の危機からV字回復し、現在まで順調に成長を続けています。その成長の原動力となっているのは社員一人ひとりの自主的な活動とお互いに育て合う風土です。それらは自然に生まれたわけではなく、現社長である晃一氏の想いを具現化した取り組みによって醸成されたものです。

（1） 経営理念の浸透でお互いに育て合う風土を醸成する

　経営理念とは、会社経営をする上での価値観、判断基準、道徳観、倫理観を表したものであり、会社の活動や社員の行動を方向付ける大事な考え方です。同社では社員一人ひとりが前述した経営理念を意識し、社員同士がお互いに助け合い、育て合う風土が生まれてきています。

　同社の経営理念は、創業当初からあったわけではなく、リーマンショック後の経営危機に陥った際に、現社長の晃一氏が経営に対する考え方を変化させたことによって生まれたものでした。

① リーマンショックの危機からの脱出と第二の創業

　リーマンショックが起こったのは、晃一氏が二代目社長として事業承継したすぐ後のことでした。取引先からの受注減少や金融機関からの貸し剥がしによって、会社の状況がどんどん悪くなり、まさに経営危機の状況に陥ったのです。

　社屋の売却や、今まで力を入れてこなかった小規模工事を受注することによって、最悪の状況を脱することはできました。

　しかし、晃一社長はもう二度とこのようなつらい思いをしたくないと考えました。同社は、創業当時から先代社長のワンマン経営で成り立ってきましたが、人に頼った経営ではもはや立ち行かないということを痛感し、会社を一から立て直す「第二創業」を決意したのです。

　第二創業を決意したものの、晃一社長は今まで現場業務に注力し、経営というものを知らなかったため、そこから猛烈に経営の勉強を始めました。本を貪るように読み、さまざまなセミナーに参加しました。会社に営業に来る人間を社内に招き入れて、営業の仕組みについて教えてもらうこともありました。

　そのようななりふり構わぬ勉強を通して、経営には「経営理念」、「経営方針」、「経営計画」の三身一体の経営指針が必要であることを理解し、経営理念の策定に取り組むことになったのです。

② 経営理念に込められた晃一社長の思い

　経営環境の変化を社員が一丸となって乗り越えるために、社長は経営理念を策

第4章　社員とともに成長する労働力創出企業〜株式会社木村工業〜

定し、社員が同じ方向でまとまっていくことが大事と考えました。

そのために、東京中小企業家同友会の「成文化セミナー」に参加しました。セミナーは、「何のために経営をしているか」、「わが社の固有の役割は何か」、「大切にしている価値観・人生観」、「社員に対する基本姿勢」などを明確にしながら、経営理念を作りあげていくものでした。

晃一社長は、経営理念を数か月かけて考えていくうちに、社員に

木村晃一社長

対する考え方が変わっていきました。とくに大きく変わったのは、「何のために経営をしているか」と「社員に対する基本姿勢」の考え方です。

以前は、「社員に人間としての幸福を知らしめ広げる」ために経営をしていると考え、社員に対しては、「人生の夢を持ち、その夢をかなえることに知恵を出せ」と言っていました。

しかし、「知らしめ広げる」や「知恵を出せ」という言葉がすでに傲慢であり、価値観を社員に押し付ける姿勢であった、とその当時を振り返っています。そのような考え方が、セミナーを通して自分自身と向き合い、社員に想いを巡らせるなかで、「社員と夢を共有し、幸福な人生を共に歩む」ために経営し、社員に対して「我が子、我が兄弟と思い共に成長していく」という考えに変わったのです。

社長は、「経営理念を作るなかで、一人では何もできない自分に気づき、自分ができないことをやってくれる大事な社員の存在に気づいた」と語っています。

そして、社員が働きやすく、成長できる環境を作っていくことが経営者の役割であると気づき、その想いを経営理念に込めたのです。

③ 日々の行動そのものが経営理念の浸透になる

　同社には、社員が経営理念を理解し、経営理念に基づく行動を実践できるよう にするための仕組みとして、チャレンジシートというものがあります（図表4-1）。

図表 4-1　チャレンジシート

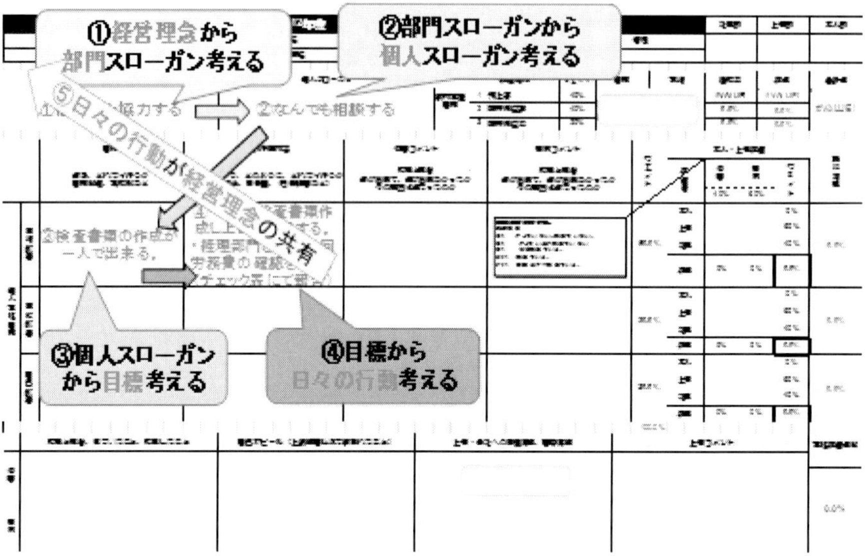

　社員は、チャレンジシートを用いて個人目標を立て、年に4回、上司と個人面 談を行い、目標の摺り合わせや進捗確認を行います。このような仕組みは多くの 会社に採用されていますが、同社の違うところは目標設定の仕方です。

　チャレンジシートでは、まず経営理念から部門スローガンを考え、それを書き 込みます。そして、部門スローガンから個人スローガンに落とし込み、個人スロ ーガンに基づいて目標を立てます。そして、その目標を達成するための日々の行 動をシートに記載します。

　チャレンジシートを通して、経営理念に紐づいた日々の行動が設定されるとい うことです。この仕組みによって、チャレンジシートで設定された日々の行動の 実践そのものが経営理念の浸透につながるのです。

（2） 人材育成を通して社員の能力とやりがいを高める

　教育制度が整備されている大企業は多いですが、大企業と比べて中小企業では教育プログラムがきちんと整備されておらず、ＯＪＴで先輩の背中を見て技術を学ぶということが多いのではないでしょうか。そのようななか、木村工業は人材育成に力を入れており、強みの１つとなっています。

　教育を通して社員同士の深い絆が生まれていることや、能力向上のみならず、やりがいの向上につながっているという点では、大企業の整備された教育でも成し得ることのできない、大きな効果を生んでいます。

① 年間288時間の技能研修で新人をしっかり育て上げる

　同社に入社して１年目の新人は、現場だけではなく、社内で新人技能研修を受講することになります。

　研修は朝から夕方まで行われ、１年間で48日、計288時間の研修となっています。新人技能研修では座学と実技訓練の両方があり、内容としては技能面だけでなく、社会人としてのマナーや考え方も学ぶ体系的なカリキュラムになっています。育成は現場で行うのが業界の常識となっているなか、ここまでみっちりと新人を教育する中小企業は稀であるといえます。

　社長がこの新人技能研修を立ち上げたのは、新人の技術がなかなか追いつかず、いかに早く、効率よく技術を身につけるかが課題となっていたからでした。

　水道工事で一番重要な作業は配管工事ですが、水道工事の約８割が道路を掘って埋める作業で、配管作業は全体の２割程度です。また、高度な技術が求められるため、現場ではベテラン作業員が実施し、新人が現場で技術を習得する機会がほとんどありません。現場だけだと配管の技術を習得するのに長い時間がかかってしまいます。

　そこで、社内に作業現場の擬似環境を作り、新人技能研修のなかで新人が配管技術を身につけられるようにしました。

　この新人技能研修の取り組みによって、さまざまな良い効果が表れています。

　１つ目は、当初の狙い通り、技術習得にかかる時間が短縮されたことです。

　２つ目は、講師であるベテラン社員や同期と丸一日過ごすことにより、気兼ね

なく相談できる関係性ができあがることです。同社の強みのである風通しの良い風土を生むことに貢献しています。

　そして、3つ目は、講師が新人に教えることを通して、講師自身も新人から教えられるということです。新人に分かりやすく教えるためには、知識を体系立てて整理する必要があり、勉強をしなおす良い機会になります。考え方や常識が異なる新人との対話を通して、新たな視点を得ることもあります。

　まさに、「共に育ち　共に活き　共に発展」の経営理念が体現されています。

擬似現場での実技研修の様子

② 社員が自らの育成プログラムを考える

　ほかにも人材育成に関する取り組みとして、「やりがいある育成プログラム」があります。このプログラムでは、会社に入ってからの7年間を11段階にわけ、段階ごとにめざす姿と習得すべき具体的な行動内容が設定されています（図表4-2）。社員はこのめざす姿と行動を指針として、各自の目標を立てて実行してい

第4章　社員とともに成長する労働力創出企業〜株式会社木村工業〜

くことになります。

　特徴的な点は、このプログラムを社員自身が作成しているところです。作成プロジェクトのなかで、社員同士で自分達がめざすことは何か、そのためにはどのような行動をしていくべきかを議論して、内容を決めています。社員が自分達でめざす姿を決めることで、人材育成内容に対する納得感を高めることができ、会社の仕組みに自分の意見が反映されることでやりがいの向上につなげています。

図表 4-2　やりがいのある育成プログラム

期間	0〜1ヶ月	1〜3ヶ月	3〜6ヶ月	6〜12ヶ月	1〜2年	2〜3年	
段階	1	2	3	4	5	6	
行動	社会人の基礎	基礎を覚える（音に明示テープ、スリーブ、ゴム入れ）	手元が出来る	穴が掘れる	現場の流れに沿って作業が出来る	現場の流れの先読みが出来る	自入に
習得すべき具体的内容	・挨拶 ・社員の名前を覚える ・約束を守る ・健康管理 ・きちんと返事が出来る	・材料の名前を覚える ・道具の名前を覚える ・人の話を良く聞ける ・一生懸命仕事が出来る ・学ぶ姿勢	・報告出来る ・進んで行動出来る ・班のメンバーと一緒に共に成長出来る ・一日一日の仕事を振り返る	・現場の流れを覚える ・チャレンジシートの共有 ・見て学んで考えて行動して行く	・不満、不平は意見として発信し、心をいつも平常心に保つ ・自分でチャレンジの目標を確認出来る ・言われた事は即、行動	・自分で日々の目標が設定出来る ・班のメンバーと仕事の内容の話が出来る ・仕事での喜びを感じる事が出来る ・解らない事を	・責で信げ ・ライ ・目はないあい

（3）あの手この手で社員のやりがいを高める

① 委員会活動で社員自らが会社運営の改善を行う

　同社では社員が中心となり、業務のプロセスや環境の改善を始めとするさまざまな自主的な活動が実施され、会社の成長につながっています。

　その1つが「委員会活動」です。社員の提案によって委員会が発足し、現在では「職場改善」、「業務改革」、「レクリエーション」、「5S」、「新規事業プロジェクト」の5つの委員会が立ち上がっています。

　たとえば、「新規事業プロジェクト」委員会では、社員が飲料自販機や食品自販機の企画を行い、社内に設置・運営を行いました。会社の周りにコンビニがなく、仕事中に小腹が空くと困ってしまうので、食品自販機を作ってしまおうと、

73

1人の社員が発案したことからこの活動が始まりました。食品自販機は中身の買い付けから、商品の品出し、POPの作成まですべて自分達で行っています。

これらの委員会以外にも、「会社のロゴ制作プロジェクト」、「新卒者生活応援プロジェクト」など、単発的な活動も頻繁に起こっています。

委員会活動やプロジェクトで自ら考え、行動し、成果を出すことによって、社員は自分達が会社の成長に貢献していると感じます。それが社員のやりがいにつながり、活動のなかで苦労をともにした仲間達との深い絆を生んでいます。

② **工夫を凝らした朝礼でコミュニケーションを活性化する**

社員間のコミュニケーションを活性化し、やりがいを高めるための仕組みとしての朝礼。同社の朝礼のユニークなところは、「コミュニケーション朝礼」、「元気の出る朝礼」、「一生懸命がんばる朝礼」など、日替わりでさまざまなテーマを設定しているところです。

「コミュニケーション朝礼」は、目が合った社員とハイタッチや握手をして、社員同士でやる気を高め合います。また、毎週金曜日に行われる「感謝する朝礼」では、一週間で感謝したことを話し合います。朝礼のテーマを社員が自ら社長に提案することで、どんどん新たなテーマの朝礼が生まれています。

朝礼の風景

第4章　社員とともに成長する労働力創出企業〜株式会社木村工業〜

　このような朝礼によって、普段あまり接点のない社員間でもコミュニケーションが生まれ、その後の社員間の協力につながります。社員同士が認め合うことで社内の一体感も醸成されます。

　社員のやりがいに一番つながるのは、社長とフランクにコミュニケーションが取れること。朝礼で社員が発表したことに社長がコメントをくれたり、相談に乗ってくれたりすることで距離が近くなり、モチベーションが向上するのです。

③　社員の本当の声を引き出し、真摯に対応する

　社員満足度調査を実施し、社員の声を把握している会社は多いと思います。しかし、社員満足度調査の表面的な回答だけでは、社員が抱えている本当の悩みや不安を把握することは難しいでしょう。同社では、会社が社員の本当の声を捉えるための取り組みがあります。たとえば、朝礼では、朝礼後に社長が社員と直接コミュニケーションを取り、仕事面だけでなくプライベート面も含め、悩みごとはないか、把握しています。

　また、「30の質問会議」という仕組みがあります。会社に入ってきて半年くらいの新人に対して、仕事や会社生活に関する30の質問に答えてもらい、社長を含めディスカッションを行うというものです。「質問に対する回答だけでは本質的に思っていることは引き出せませんが、ディスカッションの中で出てきたふとした言葉を拾い、深掘りして聞いてあげると心のなかで感じている不安や悩みを引き出すことができる」と社長は言います。

　社長と社員の直接のコミュニケーションや質問会議で得られた社員の不安や悩みに対して、社員と一緒になって解決していくことで、同社は社員にとってさらに働きやすい会社となり、社員の働きがいが高まるのです。

(4)　気持ちよく働ける職場環境を社員とともに作る

　「社員が働きやすい環境を作ることが経営者の役割である」と社長は言います。

　職場再建の3原則として、「時を守り、場を清め、礼を正す」という言葉があります。「時を守る」とは時間を守ること、「場を清める」とは身の回りをきれいにすること、「礼を正す」とは挨拶と返事をすることです。同社ではこれらに対

応した環境改善活動が行われています。「礼を正す」はまさに前述の朝礼の取り組み。ここでは「時を守る」活動と「場を清める」活動についてご紹介します。

①　「時を守る」ための時間外労働「0」活動

　同社では社員の声に真摯に対応し、社内の課題を1つひとつ解決してきましたが、最後に残された課題は時間外労働の管理でした。社長は、この課題を解決するために時間外労働「0」の実現をビジョンとして打ち出し、「ビジョンを持って労働環境を改善する」活動を展開しています。この活動では、社員を交えて労働環境改善のゴールと期限を設定し、ゴールをめざして環境改善を進めています。

　社員の業務状況を考慮せず、時間外労働の削減をトップから社員に徹底させたとしても、必ず不満が生まれるものです。働く環境としてこうありたいというビジョンを皆で共有し、そのビジョンを達成するために何をすればよいかを皆で考えることで、社員が納得のいく改善を実現できます。そのため、同社では改善を進める上での過程を大事にしています。

図表 4-3 「ビジョンを持って労働環境を改善する」活動

	「ビジョンを持って労働環境を改善する」 =時間外労働「0」を目指して=		
順番	ゴール設定	期日	チェック
1	未来予測にて課題出し	2016.02初旬	○
2	<時間外労働「0」>に向かう事を全社発表	2016.03安全衛生会議にて	○
3	<時間外労働「0」>PJのメンバー選定	2016.03安全衛生会議にて	○
4	未来予測の共有	2016.03中旬	○
	水曜ノー残業デイの徹底		○
5	残業みなし時間内に収める	2016.07末	○
6	月一回週休2日の確立	2016.10末	○
7	「働くことは生きる事」の計画的な学び	2016.11末	
8	3S(整理・整頓・清掃)活動の実施	2016.12末	
9	働き方の多様性を受容(障がい者採用)	2017.04.01開始	
10	完全週休2日の確立	2017.07.末	
11	有給取得100%	2018.04.末	

「ビジョンを持って労働環境を改善する」活動で設定したゴールには順調に到達しており、社員の労働時間に対する不満は着実に減ってきています。

② 「場を清める」ための3S活動

「場を清める」活動として、3S活動が行われています。3S活動は、整理・整頓・清掃を徹底することで社員の業務効率と意欲を高めるもので、多くの企業で取り組まれています。

同社ではとくに変わったやり方で実施しているわけではありません。また、3S活動を社員に強制しておらず、やらなくても罰則はありません。しかし、社員は自発的に活動に取り組んでいます。それはなぜでしょうか。

それは社長が自ら率先垂範で3S活動を行っているからです。社長が毎朝誰よりも早くにオフィスに来て、トイレ掃除をするそうです。社長が自ら社内で一番汚れている場所を掃除している、そのような光景に社員は触発され、自分たちも何も言われなくても3S活動を実施するようになるのです。

清掃活動は社内だけでなく、地域に対しても行っており、地域貢献を通じて安心を社会に広げたいという社長の想いを具現化することにもつながっています。

朝の地域清掃の様子

3 醸成される社員のやりがい、絆、風通しの良さ

　前述のとおり、同社では社長の社員への想いを受けてさまざまな取り組みが実施されています。それらは実際にどのように社員に受け止められ、どのような意識、行動につながっているのでしょうか。

（1）自分の裁量で成果を生み出せることがやりがい

　水道工事の現場で働く若手社員の一人は、仕事のやりがいについて、次のように語っています。「水道管の配管を自分で考えて、思い通りにできた時に仕事のやりがいを感じる。今までこうやれと指示されてきたことを、自分でやり方を考えてできるようになったときはとても嬉しい」

　自分の裁量で進めたことが成果につながると、仕事の達成感を感じることができます。同社は研修のなかで、高度な配管工事に新人のうちから挑戦することができ、仕事の達成感を感じるための工夫がされています。実際の現場では、先輩社員は上から指示するだけでなく、若手が自立的に作業を行えるようにサポートする姿勢で接しており、若手社員のやりがいにつながっています。

　別の若手社員は「仕事が早く終わればその分早く帰れる。仕事の段取りを工夫し早く仕事を終わらせて、自分のために時間が使えるのが嬉しい」と話します。

　自分のペースで仕事を行えるところが同社の特徴の1つです。自分で段取りを考えて、仕事を効率化することができます。また、現場の進め方全体に問題を感じたら、改善提案を行うことができます。

　社員の中には、プライベートで資格取得に向けて勉強を頑張っており、勉強時間を確保するために仕事を早く終わらせるための工夫をしている人もいます。

　社員がやりがいを感じるのは仕事面だけではありません。木村工業の企業ロゴの制作プロジェクトに参加した社員は、「自分達で考えたロゴが実際に社内外で使われているのを見ると、会社に貢献することができたと感じる」と語ります。

　同社では、ロゴ制作など会社の運営面でも社員が自ら提案し、自ら仕組みを変えていくことができます。このロゴ制作プロジェクトに参加した社員は、新たに「高卒者応援プロジェクト」を社長に提案し、社長を含めた数人の社員で社内の仕組み改善に奮闘しています。

第4章　社員とともに成長する労働力創出企業〜株式会社木村工業〜

　同社では、自分自身の裁量で仕事のやり方や会社運営の仕組みを改善すること
ができ、それが目に見える成果につながる、そして、社員の仕事に対するモチベ
ーションが高まり、新たな成果創出につながるという好循環が生まれています。

（2）　育まれる仲間との絆

　木村工業でなぜ働きたいかという質問に対して、社員は皆、「同期や先輩・後
輩社員との関係性がとても良いから」と答えています。仕事面での付き合いだけ
ではなく、プライベートでも会社の仲間と飲みに行ったり、旅行を一緒にしたり、
というエピソードをいろいろと聞くことができました。

　「同期や先輩社員との強い関係性を作ることができるのは、新人技能研修で多
くの時間を一緒に過ごしてきているからです。研修の合間に先輩社員は新人と個
人的な会話などを行い、距離を縮めることをしています。そうすることで、最初
は遠慮していた新人社員も次第に心を開いてくれるようになるんです。今では遠
慮なくツッコミなんか入れてきますよ」研修講師を務めるベテラン社員は、社員
同士の関係性についてこう語ります。今回の社員インタビューの最中も、若手社
員から茶々を入れられることもあり、仲の良さがうかがえました。

　さらに、「社員同士が助け合う関係は木村工業の強みだと思います。継続して
新人を教えていると、最初は何もできなかったのに、みるみる仕事ができるよう
になったりします。その時は嬉しいですね。こういう仕事だと、技術を教えると
自分の強みを失うから教えたくないという人もいるかもしれないけれど、木村工
業では教えることの喜びをみんな感じていて、それが助け合う関係性の醸成につ
ながっているのだと思います」とも語っていました。

　社員間の関係性の強さは、業務の生産性や社員のモチベーションを向上するだ
けでなく、入社前の学生をひきつけることにもつながっています。若手社員に、
なぜ同社に入社を決めたのかを聞くと、次のように返ってきました。

　「木村工業にすでに知り合いがいて、その人から会社には良い人がたくさんい
るし、皆とても仲が良いという話を聞いて、入社を決めました」

　他の若手社員も皆、会社の雰囲気の良さを入社の決め手にあげていました。社
員間の関係性が、新入社員の獲得にもポジティブな影響を及ぼしているのです。

晃一社長と木村工業の若手社員の皆さん

(3) 何でも言える風通しの良い風土

　木村工業の良い点として多くの社員があげていたのは、風通しの良さです。

　新人技能研修によって、先輩社員に対して何でも言える関係性が築けているのはもちろんのこと、社長と社員の距離が近く、社長に対しても意見を言いやすい風土が醸成されています。

　社長は会社の風土に対して次のように話しています。「社員が意見を言える風土はあると思います。逆によくここまで文句を言うよなと思うくらい、社員はたくさん意見を言ってくれます。他の会社にはない特徴です」

　社員からも、こうした風土とそこから生まれる責任感についての話がありました。「他の会社だとトップダウンで命令されることが多いと聞きます。この会社ではそのようなことは全くありません。普通なら、こうしてくださいと言われるようなことまで意見を求められることがあります。聞いてくれるのはすごく嬉しいですが、言ったことに対しては責任を持たないといけないと思っています」

　意見を言える風土は社員のモチベーションを上げることに加え、責任感を醸成させることにもつながります。このような意見を言いやすい雰囲気は、社長の社員に対する姿勢から生まれていることが、若手社員の次のようなコメントから伺えます。「社長は社員一人ひとりの目線に合わせて接してくれます。自分のよう

な若手に対しては優しく接してくれますが、管理職の人には厳しく接している時があります。自分も成長していけば厳しく言われる時もあると思います」

　社員一人ひとりに応じた対応をすることで、相手との距離を縮め、意見を引き出しやすくしているのだと考えられます。そのような晃一社長のことを皆大好きだと、社員は言っていました。

4　未来を創造する労働力創出企業への発展

　同社は自社の業態を「労働力創出業」と定義しています。それは、会社を支えているのは社員であり、その社員を育てる、つまり労働力を創出することが同社にとって一番重要な使命であるという考え方に基づきます。

　また、同社だけに留まらず、日本のインフラ工事を支える労働力を創出していきたいという社長の想いがこめられているのです。そして、その想いを実現するために、会社をさらに発展させていきたいと社長は考えています。

（1）　人材育成の強みを活かした教育委託事業の展開

　同社はインフラ設備のような社会資本を取り扱う会社です。日本の社会資本は高度経済成長期に急速に整備されました。現在は、その時代に作られた社会資本の耐用年数の限界がきており、整備し直さなければいけない時期にきています。

　一方で、社会資本の整備を担う労働者は育っていません。今までOJTでの育成に頼ってきたため、技術伝承がうまく進んでいないためです。

　また、少子化による生産人口の減少で、社会資本の整備を担う労働者の数が減っていることも問題になっています。

　そのような問題認識のもと、社長は、日本の社会資本整備を担う人材の育成を課題と捉え、作業員教育受託事業を展開しようと考えています。擬似的な現場を用いた体系的な技術研修を整備している強みを活かし、同社の作業員だけでなく、他社の人材に対しても体系的な教育を展開しようとしています。擬似的な現場を用いた教育は業界においても存在せず、外国人労働者の増加で人材育成の需要が増加している現在の環境を踏まえると、この教育受託事業は将来性のある事業です。

同社はすでに認定職業訓練の申請に手をつけ、事業展開に向けて着実に準備を進めています。認定職業訓練とは、事業者が社員に対して継続的、効果的に教育を行っていることを都道府県知事が認めるもので、その証明があることで対外的に教育展開する際のアピールになります。2018年には認定される予定であり、今後本格的に事業展開がスタートします。

国内で教育受託事業が成功すれば、海外への事業展開の道も開け、社長は将来の海外展開まで視野に入れて準備を進めています。

（2）社員数100人越えの企業への成長

社長は、今後10年の会社の方向性として、「10年ビジョン」を掲げています。

「10年ビジョン」のなかで達成したい1つが、社員数100人超えの企業への成長です。前述の教育受託事業を実現するためには、新たな社員の力が必要になります。「労働力創出業」を掲げる同社が社員を増やしていける環境を整備し、社員の意識向上のペースに沿って実現していくことは、その目的に適っています。

社員が活き活きと働くことができる環境作りも継続して進めていく。社員が増えた際には自社ビルを東京と大阪に置き、資材置き場や駐車場なども整備していきたいと社長は考えています。また、社員のやりがいを高めるために、経営計画策定に向けた合宿や決起大会、盛大なイベントを今まで以上に行っていく予定です。そして、めざす職場環境として、社長は次のように語っています。

「日本ではまだまだ現場で働く女性は少ないので、多くの女性が現場で活躍する環境を作っていきたいです。女性や固有のニーズを持つ人々が現場で働けるような環境を率先して作っていきます」

社長はこの「10年ビジョン」をおおぼらだと語っていましたが、その目は真剣そのものであり、言葉には、実現するための強い信念が感じられました。

5 就活生や転職を考えている人に向けて

本章では、社員とともに成長する会社、木村工業について紹介してきました。

最後に、就活生や転職を考えている人、同社のような社会資本整備の将来に自ら

第4章　社員とともに成長する労働力創出企業〜株式会社木村工業〜

貢献していきたいと思う人に向けて、同社のような会社で働く魅力をお伝えします。

（1）木村工業の求める人物像

　木村工業の社員は自主的に会社の成長に貢献する姿勢を持ち、社内には社員がお互いに助け合う風土を持っています。そうした姿勢、風土に共感できる人が同社の求める人材像です。社長は一緒に働きたい人を次のように述べています。

　「自主的に行動でき、自ら答えを出していける人と一緒に働きたいです。また、社会の一員として、自分の家族や地域の将来を描き、それに向かって努力していく社員になってもらいたいです」

　自主的であるだけでなく、自分の周りの人や社会に対しても考えることができる大きな心を持った人になってほしい、と社長は考えているのです。

　また、現場で働く社員達は一緒に働きたい人について次のように話しています。

　「これからは女性が活躍する時代なので、現場でばりばり働ける女性が増えてくれると嬉しいです。木村工業は周りの人が皆サポートしてくれるから女性でも働ける環境はあると思います。また、海外の人にも働いてもらいたいです。自分達も海外の言葉を学べるし、お互いに成長できると思います」

（2）木村工業で働くことの魅力

　木村工業のような会社で働くことの魅力として、人として大きく成長できることと、生涯を通して付き合える大切な仲間を作れることがあります。

　充実した人材育成プログラムのなかで、技術だけでなく、社会人として必要な考え方やマナーを身に付けることができること、さまざまな会社改善活動を通して、周りの人や地域のことを考えて自主的に行動ができるようになることです。人として大きく成長することで、会社生活だけでなく、家族との関わりや趣味といったプライベート面でも行動が変わり、人生の質の向上につながります。

　同じ目標をめざし、周りの社員と助け合っていくことで、生涯を通して深く付き合えるような仲間との絆を作ることができます。そのような仲間は、一緒に喜びを分かち合い、困難に陥ったときには支えてくれる心のよりどころとなります。

（3） 木村工業の事例を踏まえた会社選定のポイント

　木村工業のような社員を大切に考えるホワイト中小企業で働きたいと思った人は、就職・転職活動の時に以下の点に着目して会社選びをすると良いでしょう。

① 社員を大切にした経営理念であるか

　会社の活動の基本となる考えは経営理念に集約されています。経営理念に社員を大切にする考え方が反映されていれば、その会社は社員が中心となった事業活動、社員に報いる仕組みがあると考えてよいでしょう。

② 　人材育成の仕組みは整備されているか

　多くの中小企業がＯＪＴで社員を育成しているなか、人材育成の仕組みが整備されている企業は多くありません。社員の職種や階層に合わせて必要な能力が定義され、その能力獲得のために座学や技能研修が体系的に整備されているかどうかをホームページでチェックしたり、採用担当者に確認するとよいでしょう。

③ 従業員一人ひとりが会社を変えていける仕組みや風土はあるか

　会社の成長に貢献できること、それがやりがいにつながります。

　会社の成長に貢献するために、経営層や上司に提案できるような仕組みや風通しの良さがあるかどうか、また、社員が自ら会社の仕組みを変えていけるような、ボトムアップの改善活動が実施されているかどうかを、事前に確認しましょう。

④ 社員間の関係性は良いか

　周囲との関係性は入社後の会社生活に大きく影響します。社員同士の仲が良く、お互い助け合う風土がある会社を探すことが重要です。そのような会社の風土に関する情報は、ホームページや採用担当者から確認することは難しいでしょう。

　中小企業であれば実際の職場環境を見せてもらったり、先輩社員から話を聞いたりすることが可能な会社は多いと思います。自分の将来に関わることですので、臆せず、採用担当者の方にそのようなお願いをしてみるとよいでしょう。

第5章
カリスマ社長と働きチャレンジする職場
～株式会社栄氷業～

　飲食店につきものなのが「氷」です。銀座、六本木の東京の一等地は高級クラブなど飲食店が数多く存在する町です。そんな飲食店に氷を提供している株式会社栄氷業は、二代目のカリスマ社長が率いる氷雪販売業者です。

　新しいことにも挑戦し、海外進出も果たし、チャレンジを続ける株式会社栄氷業についてご紹介します。

【株式会社栄氷業の魅力のポイント】

- 築地やタイへの進出など新規事業や海外進出にチャレンジできる
- 事業内容が幅広く、氷を通じて社会に貢献できる
- リーダーシップのあるカリスマ社長の近くで働ける
- ＯＪＴを中心とした人材育成が充実している
- 社長との距離が近く意見がだしやすい環境がある

1 企業の概要・特徴

(1) 企業概要(2018 年 4 月現在)

会 社 名：	株式会社　栄氷業
代 表 者：	代表取締役社長　鈴木　光一
所 在 地：	東京都港区新橋 4-6-10 栄ビル
設 　立：	1971 年(昭和 46 年)
資 本 金：	1,000 万円
従業員数：	41 名
事業内容：	純氷製品の加工・販売、オシボリのレンタル、グリーストラップ の簡易清掃システム施工・保守管理　など
子 会 社：	Suzuki Ice Co.Ltd 、　(株)ネオブリッジ
Ｔ Ｅ Ｌ：	03-3433-1521
Ｆ Ａ Ｘ：	03-3433-5190
Ｕ Ｒ Ｌ：	http://www.sakae-ice.com/

(2) 事業概要

　株式会社栄氷業は、現在の社長の父親が、昭和 46 年に現在地で氷雪販売業を創業し、銀座・新橋界隈の発展とともに規模を拡大してきました。

　1992 年には、現在の鈴木光一社長が先代の社長から事業を引き継ぎました。現在の社員数は 41 名です。

　栄氷業は、銀座、新橋、赤坂、六本木のエリアを中心に氷の販売を行っています。最近では、不動産事業の強化、築地や海外のタイにも進出し、新市場、新事業にも積極的に進出しています。

　創業当初からの中心事業である「純氷」事業では、銀座・新橋界隈の飲食店向けの純氷製品の加工・販売や氷の配送を行っています。

　純氷は、一般的な製氷機で作られる氷と比べて溶けにくい氷です。純氷という名前のとおり、余計なものが入っておらず雑味がありません。おもに高級バーやホテルなどで飲料に使用されており、飲み物の味を邪魔せずに長時間冷えた状態を保つことができます。

栄氷業が保管している氷柱

　そのような純氷の特徴は、氷の製法によって生まれています。自然水や、塩素などを取り除いた水道水を材料として、純氷は作られます。アイス缶と呼ばれるステンレス製の容器に水を注入して、時間を掛けて冷却します。ここで時間を掛けてゆっくりと氷結させることで、溶けにくい氷ができあがります。冷却中には、アイス缶の中央に溜まる不純物を何度か取り除きます。こうして、溶けにくく雑味のない「純氷」と呼ばれる氷が精製されます。

　完成した純氷は、容器のアイス缶から氷柱の形で取り出されます。取り出された氷は約 135kg の四角柱の形状をしています。その氷柱を分割・加工したものが、最終的に飲食店のもとに届けられて飲料に用いられます。

　同社は、製氷メーカーから純氷を仕入れています。一部は氷柱のまま仕入れて、同社が加工をして配達します。その他に、製氷メーカーにてすでに加工された純氷製品も仕入れています。新たな形状で純氷の製品が必要になったときには、製氷メーカーと相談しながら、加工の内容を栄氷業とメーカーのあいだで決めていきます。

　純氷製品の販売だけでなく、関連事業としてオシボリのレンタルや製氷機、冷蔵庫、食器洗浄機などの厨房機器の販売・レンタル・保守も行っています。

　また、グリーストラップの簡易清掃システム施行・保守管理も行っています。

グリーストラップとは、油脂を含む汚水が排水管設備を妨げないように設置を義務づけられた装置です。

栄氷業の氷雪加工施設

さらに、2008年には不動産の売買・管理を行うため、株式会社ネオブリッジを設立し、不動産事業の強化を行っています。

そのほかに、産業廃棄物収集運搬処理の手配および取りまとめ、給排水設備・空調ダクトの維持管理・法令点検・修繕工事請負、T-POINT加盟店募集（代理店）、飲食事業者向け商材のカタログ販売など、幅広く事業を展開しています。

※「氷雪販売業の振興指針」（2011年3月16日厚生労働省告示第54号）によると、次のような業界動向となっている。
- 氷雪販売業の許可を受けた施設数は、全国で2,274施設（2009年度末現在）であり、10年前（1999年度末）と比較して1,140施設の減少となっている。
- 2006年度から2009年度までの新規営業施設数は172施設、廃業施設数は1,436施設数と廃業が新設を上回っている。
- 2007年10月現在の営業者の規模は、従業者数5人未満の零細事業者が71.0%であり、また、経営者の年齢は、60から69歳が35.8%、70歳以上が33.0%と、60歳以上が68.8%となっている。

縮小傾向にある氷雪販売業界のなかで、こうした新しいことへチャレンジし続けている栄氷業は成長し続けています。

図表5-1　栄氷業の経営戦略

　鈴木社長の手腕によって、飲食店向けの氷雪販売だけでなく、飲食店の役に立つさまざまな事業を手掛けてきました。
　自分たちがどのような価値を生み出しているかということを、経営戦略や会社のビジョンを明文化することで従業員に伝え、鈴木社長は会社を率いてきました。

2　栄氷業の新規事業
(1)　栄氷業のチャレンジ
　同社の主力事業である氷販売事業では、銀座・新橋界隈の飲食店をおもな顧客

としています。

　氷販売の市場は、一貫して縮小傾向にあります。冷蔵庫の普及により一般家庭への冷やし用の氷販売がなくなり、また、家庭用の飲食用の氷はスーパーやコンビニで買う時代となりました。飲食業界では製氷機が普及し、機械を導入することで飲食店が自ら氷を作ることができるようになり、氷の販売量は減少を続けているのです。

　そのようななか、栄氷業が販売する氷は「純氷」と呼ばれる、製氷機で作る氷と比べて溶けにくく高品質な氷です。純氷は、氷を飲料に用いるときには、飲み物の味を邪魔せず、溶けにくいため長い時間冷やすことができるという特徴があり、高級飲食店やバーなどでは欠かせない商品です。

　縮小する氷販売市場のなかでも、鈴木社長はさまざまな道を模索しながら、事業規模の拡大を進めています。

　その1つには、高品質な氷である「純氷」商品を消費者に対してもっとアピールしよう、といったブランディング活動を、同じ氷雪販売事業者で構成する組合（全国氷雪販売業生活衛生同業組合連合会）を通じて行っています。

栄氷業のロゴが入った配送トラック

同社としては、顧客である飲食店に対して、氷だけでなく、さまざまな消耗品の販売や、必要とするサービスの仲介などを、ワンストップで提供しています。

また、氷販売において同社が対象とする市場を広げるために、新たな拠点を設けて販売量を拡大させてきました。

新たな拠点を作り、新規事業を行うためには、当然その拠点を任せられる人材が必要となります。鈴木社長はこれまで、拠点を任せられる人材を見極めながら、その人材と一緒になって新規事業を創り上げてきました。そして、長期的な人材成長の構想を持って、そういった事業を通じて育成を行ってきました。

(2) タイへの進出

同社は、氷の仕入先である氷メーカーがタイに進出したことをきっかけに、タイで新たに拠点を作り、現地の飲食店などを相手に氷販売を始めました。

2014年にタイに関連会社（Suzuki Ice（Thailand）Co.,Ltd.）を設立し、現在では日本人のほかにタイ人のスタッフを含めて、10名程度が従事しています。

タイでは、日本で仕入れている氷と同じ形状のものが入手できないなど、日本とは異なる環境のなか、さまざまな工夫を行いながら氷の販売を行っています。

商品の配送は全員タイ人のスタッフであり、かつ顧客もタイの法人が多く、営業上の契約はタイ語や英語が中心となっています。そのような言葉の壁を乗り越えて、試行錯誤を続けながら現地での販売を拡大させてきました。

鈴木社長は、日本人2名とともにタイへの進出を進めました。1名は、タイに進出するために採用した海外経験があり財務面に強い人物です。

もう1名は、23歳のときに同社へ入社し、12年ほど配送業務に従事していた生え抜きの社員でした。この社員は、海外勤務の経験はなく、経営についても特別何か経験しているということはありませんでしたが、鈴木社長は、この社員と長年一緒に働くなかで、信頼できる人間だということを感じとっていました。一生懸命働く姿勢を見て、今後は会社の経営面や管理面を担当できるように成長してもらい、より幅広い仕事を任せていきたいという長期的な人材育成のビジョンを思い描いていました。

しかし、タイ進出の話が現実になるまでは、なかなか経営や管理業務に携われ

るポジションがありませんでした。タイ進出において重要な役割を任せることで、今後会社にとってより重要なポジションに就くステップにできないか、と社長は考えました。

鈴木社長にはもともと、「責任を持って未経験な業務にトライすることが、人間を精神的に強くし大きく成長させる」といった想いがありました。タイ進出を打診された本人は、社長の期待に共感し、新しい挑戦をすることを決意したのです。実際、タイ進出後は、タイ人の配送スタッフをマネジメントしながら、商品の仕入れや配送など流通面を中心に業務を担当し、タイ進出で大きな役割を担いました。

栄氷業は、社長が業務面まで目が届くコンパクトな組織であるので、社長と社員の間に強い信頼関係を築くことができています。

同社では、社員の長期的な成長ビジョンを持ち、新たな経験を積むことができる状況を準備することで、社員の成長を促すことを心がけています。

もちろん、社員の成長だけが成功要因ではありません。事業がうまくいくように、社長を筆頭に、会社として万全の準備をしたうえで新しいチャレンジをしています。事業の成功という目標とともに、社員の育成の場を用意するという目標を同時に持ちながら、同社の新規事業は行われています。

（3） 築地への進出

同社は、2016 年には築地に新たな拠点を作り、これまでの氷販売エリアを広げながら、これまでとは異なるニーズを持つ顧客を取り込んでいくという新規事業に取り組みました。

氷販売においては、これまで銀座や新橋の高級飲食店である、バーやレストランを相手に、事業を推進してきました。

飲み物が冷えた状態を長時間保つとともに、不純物を含まず飲み物の味を邪魔しない同社の氷は、今でも飲食店にとって欠かせない商品です。

築地で新たな拠点を設立することは、これまでと同じ飲食店に加えて、新たな氷需要も取り込んでいくことも目的としていました。

栄氷業の新たな拠点は、築地の場外市場に位置しています。

東京中央卸売市場が豊洲に移転し、今後、築地の場外市場に生鮮品の卸業者が増えていくことが予想され、魚や野菜などの生鮮品を扱う事業者が商品を冷やすために用いる氷を同社が提供していこう、という話が築地進出の発端でした。

社長がさまざまな関係者と利害を調整しながら、新たな拠点を設立することを決定し、2015年の終わりごろから、その準備に取り掛かってきました。

魚や野菜などを冷やすために用いられる氷は、飲食店で用いられる氷と比べると使用される量が多く、品質面よりも価格面が重要視されています。これまで販売していた氷と比べて、より安く大量に提供できるように、氷の仕入先であるメーカーと交渉を続けるとともに、どのような体制で新たな拠点を運営していくかといったことが検討されました。

氷の販売において、冷やすものや冷やし方によって、必要な氷の形状が異なることもあり、顧客である卸業者とコミュニケーションを取りながら、ニーズを汲み取っていく必要がありました。

築地営業所

ここでも、鈴木社長は長年同社で働き、氷の販売を熟知している社員を抜擢して、新たな拠点の現場を任せることを決めました。
　この社員は25年以上同社で働き、氷の配送業務について経験が豊富で、飲食店向けの氷販売を熟知していました。築地への進出を通じて、拠点の管理業務を新たに経験するとともに、新しい氷のニーズについて顧客とのやり取りの窓口となり、先頭に立って顧客を開拓していくことが期待されていました。
　実際に、この社員は、築地進出の準備段階から生鮮品の卸業者に対して氷ニーズのヒアリングを実施し、社長と一緒になって、提供する氷商品についての試行錯誤を続けてきました。
　2016年に拠点の営業が開始され、経営陣がサポートしながら、新たな場所で顧客開拓の取り組みを加速させています。現在、事務スタッフ2名を含め、5名体制で新拠点は運営されています。
　2017年4月現在、運営が開始されて半年足らずですが、拠点の社員間で、築地の拠点だからこそできる新しい取り組みについてアイデアを出し合うなど、新しい動きも生まれています。観光客が多い築地において、かき氷を販売できないかといった、実現に向けて動き出そうとしているアイデアもあります。

栄氷業が新たに取扱を開始した冷やし氷

そのようなアイデアに対して、社長は経営観点からの指摘を交えながら、担当者の間で実現できるプランに練り上げられるよう見守っています。時には厳しいアドバイスも伝えながら、納得できるプランになれば、いつでも実現に向けて具体的なサポートができるようにしています。

このように、栄氷業では、事業を通じて社員の成長を促し、会社と個人が一緒に育っていこうという考えを持っており、これが同社の特徴だといえます。

3 社内のアットホームな人間関係

(1) 社長とのコミュニケーション

鈴木社長は、社員との会話の時間を大切にしています。忙しいなかにあっても、配送関連の業務を終えた社員が戻ってくる夕方の時間帯には、毎日必ず事務所へ顔を出し、その日のでき事などについて会話する時間を作っています。

鈴木社長いわく、「得意先とこの話がどうなったとか、今日得意先でこういうことがありました、といった話が、担当者が 20 人いれば 20 人からそれぞれあったりするんですよ」とのことです。

鈴木社長は、社員一人ひとりの声に耳を傾けるとともに、社員には、「その件はこういう風に仕事を組み立てた方がいいよ」とか、「お客さんにこういうアプローチができるんじゃないの、じゃあこういったことを検討してごらん」など、一人ひとりに課題解決の示唆を与えるような話しかけを心がけています。

最近では、社長の業務も多忙となり、海外出張などで夕方の時間に事務所へ顔を出せない日もあります。そのようななか、多くの社員の方から、時間を確保して欲しいとの要望があがっています。いかに社員にとって、鈴木社長との会話の時間が有意義だと認識されているのかが理解できます。

このような日常的なコミュニケーションに加えて、会社の方針などを社員と共有する全体ミーティングを、3 か月に 1 回程度の頻度で開催しています。

このミーティングでは、組織改編や人事異動のねらい、会社としての方針などの想いが鈴木社長から伝えられます。これにより、業務上のあらゆる局面で求められる判断基準が社員との間で共有されています。

社員の判断基準となる情報は、ミーティングでの共有だけでなく、ホームペー

ジ上でも経営ビジョンなどとして、いつでも参照できるようになっています。

鈴木社長は、社員と想いを共有するためにも、社員にはホームページの情報は繰り返し見てほしいと考えています。

(2) 将来を見据えた人材育成

栄氷業では、ＯＪＴとOff‐ＪＴ（Off-the-Job-Training）を組み合わせて人材育成を行っています。

ＯＪＴは前述のとおり、職場での実業務経験上の指導を通じて従業員の教育や能力開発を行うことです。

Off‐ＪＴは、職場での実務から切り離して行う従業員の教育や能力開発のことです。

職場では、2人から3人のチームを組んでの活動となります。日常の配達業務などを通じて、チーム内の先輩から後輩へのＯＪＴが行われます。たとえば、予期せぬ事故や渋滞が発生した際の効率的

配送業務の様子

な配送ルートの設定方法や、取引先のお客さまとのセールストークの方法など先輩の持つノウハウが、日々の業務のなかで後輩へ受け継がれていきます。

鈴木社長は、ＯＪＴの効果として、「日々の業務を通じて教えられる側が成長していくだけでなく、教える側の成長にもつながる」と考えています。後輩の指導を通じて、自分自身が成長することにより、人を育てる大切さや組織として活動する大切さに気づけるからです。

Off‐ＪＴとして、外部の研修を活用した人材育成にも力を入れています。ジェトロが主催する貿易関連の実務に関するセミナーの教育受講や、東京商工会議所が主催する各種セミナーの受講を推進しています。

第5章　カリスマ社長と働きチャレンジする職場〜株式会社栄氷業〜

　このような教育は、日々の業務のなかで学ぶのは難しいため、社外の教育制度を積極的に活用するようにしています。1回セミナーを受講すると、その受講内容と関連する情報が、ＷＥＢやメール、ダイレクトメールなどで入ってくるようになるため、このような情報も活用するようにしています。

　このように、栄氷業では、ＯＪＴと Off‐ＪＴを上手に組み合わせて、人を育成する土壌が作られています。

4　厳しくて温かい仕事環境

　栄氷業で実際に働いている人たちが、自分の働く環境についてどう感じているのか、話しを聞いてみました。

(1)　育成に取り組む組織文化

　純氷製品の配送を担当する従業員の方からは、会社の一員として働いている実感があるという意見が印象的でした。

　栄氷業では、氷の運送を担当する従業員の割合が多く、その多くが配送業務を経験したうえで中途入社をしています。それまでは、仕事といえば配送することだという考えを持っていた方が、栄氷業に入ってからは仕事というものをもっと幅広く捉えて考えるようになり、会社の一員という意識が強くなったということでした。

　入社後は、一緒に配送を担当する先輩からいろいろなことを教えてもらいます。そこで、ただ配送するだけでなく、会社全体のことやお客さまのことをより知らないといけないということに気付かされるといいます。

　栄氷業は氷を販売するだけでなく、飲食店に対してさまざまな価値を提供できるように、商品やサービスのラインアップを揃えています。配送担当者は、商品を配送するだけでなく、自社の取扱う商品・サービスを説明し、提案できるようになることが求められています。

　そういった仕事の変化は、「やることが多くなったと感じることもありますが、それまで意識していなかったお客さまとの関わりを強く認識することになり、仕

事のやりがいにもつながっている」と言います。

運送を担当するメンバーは、いわゆる体育会系な気質を持った人が多く、人当たりが強いこともあるようです。指導が厳しいこともあり、最初はきついなと感じることも多くあるようでした。配送することに加えてお客さまとの関係性構築や商品・サービスの提案についても学んでいくなかで、最初は覚えることが多くたいへんだと感じる人が多いと聞きました。

そういったなかで辛い思いをしながらも、「先輩社員はしっかりと自分ができるようになるまで付き合ってくれた」という言葉が印象的でした。

逆に、仕事を教える側の先輩社員の立場からは、「栄氷業では後輩が仕事をできるように育てていくことは、自分の仕事のひとつだ」という認識を強く持っているように感じました。配送の仕事をこなすだけでなく、後輩が一人前になるまでしっかり育て上げることに責任を感じているということが伝わってきました。

先輩が後輩をしっかり育て上げ、組織全体でよりよい顧客へのサービス提供に取り組んでいく。そのような文化が、従業員の仕事へのモチベーションを向上させることにも繋がっているようです。

栄氷業では、社員を育成していく組織文化がお客さまを意識したサービス提供とうまくリンクして、いい作用を及ぼしあっているということを実感することができました。

（2） 成長する機会と社長のサポート

新たな拠点の立ち上げを担当した従業員の方からは、そのときのたいへんさや、社長のサポートに関する話しを聞くことができました。

「拠点立ち上げに関わるまでは純氷の配送や顧客への営業・コンサルティングがおもな業務だったため、経験したことのない仕事が多くてたいへんだった」といいます。また、最初は、新規事業の計画を進める社長のサポートをするような形で、拠点立ち上げに関係する雑務などを行いました。その後拠点立ち上げの計画が進むにつれて、任される仕事がサポート的なものから自分で完結するものへと、少しずつ変わっていったといいます。

「後から考えると、経験のない自分に対して社長がうまく仕事の割り振りをし

てくれたのかもしれない」ということを感じているようでした。

　拠点立ち上げが現実的になったころには、付近の見込み顧客に対するヒアリングや提案営業などを一任され、準備を進めていったようです。

　また、拠点立ち上げ後には、自主的に拠点のメンバーと商品の新しい企画を行うなど、自分が拠点運営に必要だと思ったことが仕事になるということが増えたということでした。

　栄氷業の従業員にとって、社長の存在は困ったときに相談に乗ってくれる大黒柱のようなイメージがあるようです。普段の仕事においても、業務に関することで困ったら、社長に相談してアドバイスを受けているということでした。拠点立ち上げでも、初めてのことで戸惑うことや仕事の進め方に迷うことも多かったということですが、何かあれば必ず社長に相談しながら進めていたといいます。

　難しい仕事を担当することになったとき、「経験豊富な社長にサポートしてもらえるという安心感があることで、強い気持ちを持って仕事に取り組むことができる」という意見が印象的でした。

　話しを伺うなかで、栄氷業では、新規事業という場を社員が成長する場として、うまく活用しているということを感じました。新規事業の例は、社員の中から経営幹部となるような人材を育てていきたいという鈴木社長の思いを実現するために、社長が社員のことをしっかり把握して、その人にあった成長機会を提供しているという一例なのです。

5　栄氷業で働くということ

（1）　社長・社員から見た欲しい人材・一緒に働きたい人

　栄氷業では、中途採用を中心に物流業の経験者を採用することが多いようです。物流業の経験者であれば作業とイメージのギャップがなく、早く氷の配送などの仕事に馴染むことができます。

　ただし、物流業といっても分野が異なると、仕事の仕方や必要な知識が大きく違ってきます。それでも、人材育成に力をいれているので経験がなくても大丈夫、という考えがあります。

鈴木社長は、「やる気がある人材を採用したい」と考えています。

人を育成していくために必要な環境は準備できているため、一番必要なことは仕事をしっかり身に付けていこうという、本人の「やる気」だという考えです。

配送関係の作業員を募集することが多いですが、新規プロジェクトに関わるメンバーや経理・経営に強い人材も募集しています。

（2）栄氷業で働くことのメリット

栄氷業では、飲食店向けにトータルサポートを実現するための幅広い事業を行っています。純氷の配達だけでなく、飲食店とのコミュニケーションを通じて営業やコンサルティングの経験も得られます。

人材育成に力を入れているため、ＯＪＴやＯｆｆ－ＪＴを通じて自分自身を成長させることが可能です。どういった経験をして、どのようなスキルを身につけていこうということを明確にできている方であれば、栄氷業の環境を最大限活かして自分の成長を実現できます。

これまでのタイ進出や築地への進出と同じように、新たな事業に携わっていける可能性もあり、仕事に対して非常に高いやりがいを感じながら働くことができます。そして何より、会社の経営戦略やビジョンを創り、会社を率いている鈴木社長と近い距離で仕事をすることができます。

こういった、経営陣と近い距離で仕事をすることができることは、中小企業であるからこそといえるでしょう。

会社を拡大させてきた社長のもとで仕事をすることで、会社が向かっている方向と自分が行う仕事との関係を意識することができます。会社の方向性と自分の仕事に対する意識の方向性が一致することで、仕事に対する思い入れや感じるやりがいは増大します。

会社の方向性や成長を、自分と照らし合わせることができるということは、自らの仕事に対する責任感を強めます。人によっては、それほど責任感が求められる仕事はしたくないという方もいます。逆にそうでない方にとっては、責任感が自然と強くなるような環境は、自らの成長や仕事へのやりがいといった観点では非常に魅力的に感じるはずです。

第5章　カリスマ社長と働きチャレンジする職場〜株式会社栄氷業〜

（3）栄氷業の事例を踏まえた会社選定のポイント

　栄氷業のような中小企業で働きたいと思った人は、就職・転職活動の時に以下の点に着目して会社選びをするとよいでしょう。

①　企業理念に共感できるかどうか

　企業理念や社長の考えに共感できるか、感動できるかが大事です。

　企業理念と自分の考えが合っていない状態で働くと、不満などが起こることにもなります。企業理念を実現するためにどのような取り組みを行っているかは、ホームページ上に掲載されていることが多いので、確認してみましょう。

　企業理念が自分にあっていると感じる会社に対しては、その企業理念を実現するために会社が実際に行っていることを確認しましょう。

　自分にあった企業理念を掲げる会社で働くことができると、自然と高いモチベーションで仕事に取り組むことができます。

②　社内の雰囲気はいいか

　社内の雰囲気がよい働きやすい環境では、人間関係もよいといえます。

　社長が社員の意見を聞いてくれる、社員間のコミュニケーションが行われているなど、風通しのよい会社なのか、実際に会社を訪問して確認してみるとよいでしょう。

　また、社長との距離感も確認しておくとよいでしょう。

　企業の方向性を定め、従業員を率いる立場にある社長の考えを吸収しやすい環境であれば、自分の仕事を会社と関連付けて捉えることができます。会社のことを身近に感じられるときには、従業員の仕事への取り組みが積極的になります。そのような仕事に対して積極的な従業員が多い会社は、仕事をやらされているといった義務感が低く、社内の雰囲気がよくなりやすいといえます。

③　社員の育成に対する考えが明確になっているか

　仕事を通じて、自分のスキルを高めていきたいという考えがある人は、会社の人材育成に対する考えを確認しておくことが重要です。

101

会社として、どのように人材を育成していこうと考えているのかといったことや、実際にそのためにどのような育成体制があるかということを確認しましょう。

自分が高めていきたいと考えているスキルを身に付けていけるかどうか、あらかじめイメージできることは大切です。そのために、自分が成長した姿をイメージできるようなロールモデルが会社にいるかを確認することも有効です。

④ 新たな経験ができる可能性があるか

仕事に対してやりがいを得られることを重視したいと考える人は、その会社で新規事業の予定があるなど、新たな経験ができる可能性があるかということが重要になります。

また、そういった新規事業のときにどのように社員が活躍しているかということも、あわせて確認しておくとよいでしょう。

第6章
日本の営業に変革を起こす
～SALES ROBOTICS 株式会社～

　インサイドセールス（Inside Sales）という言葉をご存知でしょうか。日本語では、「内勤営業」と称されることもあります。日本ではまだ馴染みが薄い言葉ですが、BtoBビジネス（企業間での取引）においては、欧米諸国で主流となっている営業手法です。

　SALES ROBOTICS 株式会社（セールスロボティクス）は、ビッグデータを活用したインサイドセールスで国内においてパイオニアとして注目を集めています。本章では、SALES ROBOTICS の魅力をご紹介します。

【SALES ROBOTICS 株式会社の魅力のポイント】

- 社長の強烈な個性とバイタリティ
- 新しいことに果敢に挑戦する起業家精神
- 先進的なベンチャー企業としてのスピード感や成長力
- 正社員・派遣社員などの立場にとらわれないフラットな社風
- 頑張り次第で成長できる、チャンスを与えてもらえる環境

1 企業の概要・特徴

(1) 企業概要（2018 年現在）

会 社 名：	SALES ROBOTICS 株式会社（セールスロボティクス） （2018 年 10 月 1 日「株式会社 WEIC」より社名変更）
代 表 者：	代表取締役社長　内山　雄輝
所 在 地：	東京都中央区晴海 3-12-1 KDX 晴海ビル 7 階
設 立：	2004 年 11 月 25 日
資 本 金：	5 億 6,627 万 5 千円（資本準備金含む）
従業員数：	約 200 人
事業内容：	インサイドセールスに特化したクラウド型営業支援システム (SALES BASE) マーケティングデータ分析および営業コンサルティング 開発・監視を行う IT 事業
Ｔ Ｅ Ｌ：	03-4405-7653
Ｆ Ａ Ｘ：	03-5547-9030
Ｕ Ｒ Ｌ：	https://salesrobotics.co.jp

(2) 事業の概要

① インサイドセールの概要

　inside は日本語で「内側」「内部」と訳されます。インサイドセールスのことを内勤営業と呼ぶこともあります。

　インサイドセールスでは、電話やメールなどの非対面の手段で、見込み客とコミュニケーションをとります。これに対して、見込み客を訪問して、対面形式で行う営業のことは、フィールドセールス（Field Sales）といわれています。

　欧米諸国の B to B ビジネスにおける営業活動は、マーケティング、インサイドセールス、営業の 3 部門に分業して行うことが主流となっています。

　マーケティング部門では、「見込み客の情報」の獲得が主たる業務のひとつです。展示会に出展して「見込み客の情報」を獲得したり、ＷＥＢサイトで見込み客が関心を持つような情報を提供することにより、自社のＷＥＢサイトにアクセ

スすることを誘引して、「見込み客の情報」を獲得したりするのです。

　たとえば、時事通信のＷＥＢサイトでは、ビジネスパーソンが関心を持ちそうな情報を提供することで、ビジネスパーソンのＷＥＢサイトの閲覧を促して、自社のサービスに関心がある企業や人の情報を獲得する仕組みを構築しています。

　インサイドセールス部門では、「見込み客の情報」をもとに、電話やＥメールなどのチャネルを駆使して、見込み客と直接会わずに顧客関係を構築し、潜在的なニーズの喚起を行います。そのうえで、見込み客との商談機会を創出して、訪問営業への橋渡しを行うことを担います。

　営業部門は、実際に顧客を訪問し、ヒアリングや提案活動を行います。具体的には、提案書の作成やプレゼンテーション、見積書の作成などが業務内容となります。業務範囲が狭まることで専門性を活かして効率よく営業活動ができるだけでなく、インサイドセールス部門で事前に収集した情報をもとに顧客ニーズに適した提案ができるので、顧客側にとっても満足度の高い商談が行えます。

　このように欧米では営業活動は３つの部門で分担していますが、国内では、マーケティング部門と営業部門を持つ企業はあっても、インサイドセールスを部門として持っている企業は数が少ないのではないでしょうか。

②　主要製品・サービスの概要

　同社では、インサイドセールスの導入を可能とするプラットフォーム「SALES BASE」の提供を事業の柱としています。このプラットフォームのことを、「法人営業のアポイントメントが自動的に入ってくるクラウドサービス」と位置付けています。

　商品購入に至るまでの顧客の心理の変化を表現するモデルに、AIDA モデルがあります。Attention、Interest、Desire、Action の頭文字を取ったものです。Attention は商品を認知すること、Interest は商品に興味・関心を持つこと、Desire は他の商品と比較・検討した結果として、その商品が欲しいと欲求を感じること、Action は購入して、継続使用の行動を起こすことです。

図表 6-1 インサイドセールスの中核を担う「SALES BASE」

　「SALES BASE」では、Attention、Interest、Desire に当たる部分のサービスを提供し、同社のサービスを受けている企業は、Action を起こさせるための営業活動をすればよいということになります。

　このサービスがめざすところは、営業の自動化です。日本人は良いものを産み出すことができるので、「良いものを造れば売れる」ことが、同社が提供するサービスの理想的なスタイルなのです。

2　学生社長の起業秘話と、これから向かう未来
(1)　アルバイトでビジネスの感覚をつかむ

　インサイドセールスという新しい業態を先駆ける同社は、設立からまだ十数年です。学生時代に起業したという内山社長に起業のいきさつを尋ねました。

　早稲田大学第一文学部で中国語を学んでいた社長は、もともとは「大学の先生になって、語学をどうやったら早く習得できるのかを研究したいと考えていた」とのことです。

「貧乏学生だったから」と、勉強も頑張りながら、夕方から家庭教師、運送屋、朝までコンビニ、とハードに働いて学費を稼ぐ生活が続きました。そのうち、「これは非効率だな、と。自分で起業した方が早い」と思うようになったそうです。

そこで考えたのが、中古車の買い取り販売でした。当時、近所の知人が中古車流通業のオークション会員権を持っていたことから、中古車の買い取り契約を取ってきて知人に引き渡すという仕事を始めました。

自宅から半径約1キロ圏内の車を1軒1軒調べ上げ、車検の検査標章から次回の車検時期の情報を入手するという力技で、見込み客のデータをマップに落とし込んだというから脱帽です。そのデータをもとに、車検半年前頃を見計らって訪問し、「車検どうしますか？それとも買い取りますか？」と声をかけて契約を取り付けるという手法を編み出しました。データをもとに見込み客を絞りこんでアプローチをかけるやり方は、現在のビジネスにも通じるものを感じさせます。

この経験から、「自分で動いてビジネスを興す」という感覚が磨かれていった社長は、IT系のアルバイト先企業に就職するという選択肢や、大手企業の内定も選ばず、ちょうど親しくしていた大学の先生から、「一緒に会社をやらないか」と誘われて面白そうだと思ったと、起業の道を選ぶことになるのです。

(2) 日本人が中国でモノを売るには

当時、早稲田大学のプロジェクト研究所（2000年発足）では、大学発の研究成果を製品化し、それによって得られた収益の一部を研究費としてさらなる研究につなげる、という動きがありました。大学の技術移転が流行っていた頃です。

大学の中国語教育総合研究所で、中国語を早く習得できる方法を研究していた社長は、そのノウハウをソフトウェアとして販売することを考えました。

最初の想いは、日本のモノを海外に売ることでした。「そのために何が必要かと考え、自分は中国語を選択した」と言います。なぜなら、「中国でモノを売るためには文化や商習慣を理解していないとダメ。文化を理解するためには、まず言葉」と確信していたからです。その思いから中国語eラーニングサービスを始めました。

語学学習サービスは、今では主たる事業ではありませんが、勉強が起業や仕事

につながっているのも興味深いところです。学生時代の勉強も、本業にしようという勢いで頑張っていたからこそ、ビジネスにつながったのではないでしょうか。

（3）営業の自動化で日本の営業効率化に貢献したい

　現在の事業の中心となっている営業支援システムのポイントは、ＩＴソリューションにコールセンターを組み合わせたことです。

　これには、「モノだけでは売れるようにはできない。仕組み作りが重要だ」という社長自身の経験が糧になっています。「ＩＴソリューションとコールセンターの両方わかっていたからこそ、組み合わせの発想ができた」そうです。

　同社が提供するインサイドセールスのクラウド型プラットフォーム「SALES BASE」では、同社のインサイドセールス部隊が獲得した顧客プロファイリングや商談情報がデータとして蓄積され、ＡＩ（人工知能）による分析で、顧客ごとに受注確度が高まる戦略を立てられます。

　めざしているのは「営業の自動化」です。「売りたい側のデータと買いたい側のデータがあれば、マッチングして終わり。でもこの自動化は、データの蓄積ができていないと実現できない。データを蓄積・分析して、どこをどう攻めればいいか、ターゲットが分かっていたら自動化できる」というロジックのもと、SALES ROBOTICS はデータマイニング（大量のデータにさまざまなデータ解析の手法を適用して意味を取りだすこと）に投資し、プロファイリングに注力しているのです。

　生の電話だからこそ拾える声、出てくる本音をすべてデータ化し、どこの会社がどんな傾向で、将来どんなものを買いそうなのか、さまざまなデータをクロスマッチングさせて、アポイントメントの質を上げていきます。

第6章　日本の営業に変革を起こす〜SALES ROBOTICS 株式会社〜

営業支援システムについて説明する内山社長

　「今は、このようなサービスは過渡期だと思っています」と内山社長は言います。確かに今はまだ、テレアポ（コールセンターによる電話営業）とＡＩはかけ離れているようにも思えます。「2つのキーワードはまだ点と点かもしれないが、我々はそれをまとめていけるノウハウ・技術を持っている。時代に合わせた形で上手にマッシュアップ（複数の技術やコンテンツを組み合わせて、新サービスを生み出すこと）し、新しい洗練されたＩＴサービスにできる。それが実現できれば、自分たちがフロントランナーとして売上も利益も安定的なものになっているだろう」と力強く語る社長の目は、しっかりと未来を見据えていました。

　内山社長がめざしている規模感は青天井だそうです。SALES ROBOTICS が日本の営業を本当に効率化できれば、それは1,000億〜2,000億円くらいのビジネスモデルになっているかもしれません。

　社長は、セールステクノロジー分野で、日本のリーディングカンパニーとして、ＢtoＢの領域で、それぐらいに持っていければという野心を燃やしています。

　また、社長自身は「スーパーブラックな人間だから、いくらでも働けるし働いてないと不安だ」と言います。「案外そういう人は多いのではないか」とも。

　しかし、最近は「どんなにお金を稼いでも死ぬときは死ぬ。一人で死ぬのもさびしい。だったら、もっとみんなで補い合える環境がいい」と、考えが変わって

きてもいます。

ＩＴ業界は、とかく長時間労働になることが多いのが現状ですが、「働きたい人はバリバリ働けばいいし、自分の時間を大切にしたい人はそういう時間も大切にできる。その両方が自社にいて、それでも自社のビジネスモデルは成長し続ける、というのが本当の理想だ」と語ってくれました。

「社員が、『当社で働いているとやりがいもあるし、プライベートも毎日幸せに暮らせているな』という状態を作りたい。そのためには売上も利益も必要だから、そこは追求する。それでも社員を幸せにすることのほうが面白いのではないか」とも言います。

働く社員の幸せの先に、顧客企業の幸せがあるのかもしれません。

3 営業支援システムの理想の姿
（1） はじまりは中国語教育サービス

SALES ROBOTICS の内山社長は、早稲田大学在学中に中国語を専攻していたので、中国人との交流の機会も多かったそうです。そこで、日本の営業が弱いことを揶揄されることが多かったこともあり、日本人は「モノづくりは上手だが、売るのは下手」だと感じていたので、営業支援をビジネスすることにしたのです。

親しくしていた大学の先生から、新しく会社を起業するので、一緒にやらないかと誘われたのが創業のきっかけでした。

従来の社名であるＷＥＩＣは、中国語教育の教育理論を研究していた早稲田大学の研究所「Waseda Education Institute of Chinese（早稲田大学中国語教育総合研究所）」のイニシャルです。また、「上に行く」ために頑張りたい「ＷＥＩＣ：ウエイク（上行く）」という想いも込められています。

当初のビジネスは中国語の学習を提供するサービスをＡＳＰで提供するものでした。ＡＳＰは Application Service Provider（アプリケーションサービスプロバイダ）の略で、インターネットを通じてサービスを提供し、ユーザーはＷＥＢブラウザなどを通じてサービスを利用するものです。

アメリカでビジネスをするなら、英語を話せて、アメリカでの取引の進め方や

文化も理解して、商談を進めるのが通常ではないでしょうか。ところが、中国でビジネスとなると、中国語はわからず、中国の文化も理解しようとせずに、ビジネスを進めている現実があります。

そのような状況を目の当たりにした社長は、日本人の10人に1人が中国語を話せたら、もっと中国でモノを売るビジネスが上手くいくはずと考えました。

（2）新しいことにチャレンジしてこそのベンチャー企業

現実問題として、語学教育だけではモノは売れるようにはならず、営業活動を行ううえでの仕組みが必要でないかと痛感したのが、現在提供しているサービスが生まれたきっかけになったと社長は言います。

今では、インサイドセールスを活用したクラウド型アポイント・リード獲得支援システムの提供、マーケティングオートメーションとの連携などの営業管理システムの運用支援が事業の柱となっています。

同社が当初取り組んだビジネスは、法人向けの中国語eラーニングでした。企業の人事部に売り込むといっても、若い社長、無名企業だとアポイントを取るだけでもたいへんな状況でした。アポイントが取れないからといって机に座っている営業担当者の姿を目の当たりにして、どこの企業も苦労しているはず。アポイントさえ取れれば、営業に行かざるを得ない。アポイントが自動で追加されるＳＦＡというコンセプトは絶対ビジネスとしていけると、確信したとのことです。

長く中国語の教育サービスを主たる事業としてきたのですから、営業支援を事業の柱に変えることは、並大抵のことではありませんでした。

当初は、アポ取りのコールセンターを始めたと思われて、周囲から見下されたとのことです。それでも、培ってきたブランドや自信をゼロにし、批判に耐え、同社の第2創業期ととらえて、チャレンジを続けたのです。

内山社長には、それまでの中国語の教育サービスの事業で培ったノウハウや、ビジネスに必要な嗅覚が備わっていました。顧客とのネットワークもできていたので、「人からは馬鹿にされても、着実にやっていけば勝ちをつかめるという確信があった」と言います。

ビジネスについて熱く語る内山社長

(3) セールスフォース・ドットコムと組んで仕事をするのが夢

「SALES BASE」は、セールスフォース・ドットコムが提供するソフトウェアと連携するシステムとなっています。セールスフォース・ドットコムは、アメリカのカリフォルニア州に本社を置き、顧客管理ソリューションを中心としたクラウドコンピューティング・サービスを提供する企業です。この企業は、アメリカの雑誌フォーブスの「世界で最も革新的な企業」ランキングで第1位に選出されたこともあり、顧客管理ソリューションでは、世界で最大手の企業です。

社長にとっては、最大手で雲の上の存在だったセールスフォース・ドットコムとビジネスパートナーになることが夢でした。同社日本法人の投資責任者の方に、インサイドセールスをクラウド化する話をしたら面白いといわれたことが、セールスフォース・ドットコムとビジネスパートナーになるきっかけになりました。

「SALES BASE」は、攻めたいターゲット企業を選び、待っているだけでインサイドセールスが実行されて、新規リードが追加されます。マーケティング部門が獲得したリードの醸成も担うので、ユーザー企業の営業部門は見込み客のもとに訪問して、クロージング（受注活動）に集中して取り組むことができます。

一方で、国内ではインサイドセールスのノウハウを持っている企業はほとんどないのが現状です。「SALES BASE」はインサイドセールスに特化した運用シス

図表 6-2 「SALES BASE」での業務の流れ

　テムとサービスなので、ノウハウを持っていない企業でもプロフェショナルのインサイドセールスを活用できることが特長となります。

　「SALES BASE」を利用して行った営業活動の結果はデータとしてシステムに蓄積されるので、担当していた人が会社を辞めても営業活動の継続が可能となります。また、「新入社員でも対応が可能になる」と社長は言います。

　「SALES BASE」では、見込み客との会話も音声データとして蓄積しています。このようなデータを、見込み客のプロファイリングとして解析し、今攻めるべき企業の選定に活用しています。当社の顧客は、「SALES BASE」に追加される連絡許諾を得られたリードをもとに営業活動を行えばよいのです。

4 若手社員から見た SALES ROBOTICS
(1) 派遣社員から正社員としてやりがいを感じ始めた日々

　若手社員の1人である野崎さんがSALES ROBOTICSへの入社を決めたのは、「パソコンとITの両方の知識が身につくこと」と「個人で行っていたインターネットの仕入れ販売の仕事と両立できること」の2つの理由からです。

　同社で働き始めたばかりの頃は、自分自身の仕事を行う時間の確保を優先しようと、派遣社員としてスタートしました。野崎さんは「派遣社員の募集のなかでも、シフトの融通が利くという点」も魅力に感じていたとのことです。

　一般的にベンチャー企業と聞くと、全社員が長時間労働しているイメージを持つ方が多いかもしれません。SALES ROBOTICSでは、残業が月に30時間を超えると全マネージャー宛に情報共有がされるなど、ワーク・ライフ・バランスを意識した取り組みの強化も行っています。

　野崎さんは、最初、コールセンターで顧客にアポイントを取る業務に苦戦し、2週間まったくアポイントが取れないスランプの時期があったそうです。毎日「この仕事が自分に向いていないのではないか」、「自分の良さが活かせていないのではないか」と悩んでいました。

入社の動機を語る野崎さん

第6章　日本の営業に変革を起こす〜SALES ROBOTICS株式会社〜

　しかし、周囲の先輩方の丁寧な指導の成果もあり、「だんだんと前向きな気持ちで仕事に取り組むことができ、入社後数か月で上位1〜2割の成績が取れるように成長できた」と言います。
　コールセンターに仕事を依頼するクライアントから感謝される機会も増え、だんだんと仕事自体にやりがいも感じてきた、そのようなタイミングで会社から正社員転向の打診があり、同社での仕事に注力する正社員の道を選びました。SALES ROBOTICSは「即戦力としてのスキルが少なくても仕事への意欲があれば、入社後にスキルを身につけながら社会人として成長できる点」も魅力です。

(2) 若手社員から見た「社長や同僚ってどんな人？」

　野崎さんは、「内山社長はバイタリティがあるので、何か日本の仕組みを変革できるのではないか」という期待感を日々感じているそうです。また、「社長はまだ30代と若手で、社員とフランクにコミュニケーションをとる機会が多いので、風通しの良い職場です」と言います。
　たとえば、同社の飲食店事業部が営業支援の実践の場として所有している焼肉店で「meating(肉を意味するmeatと打合せのmeetingを掛けた造語)」をしたり、誕生会や新入社員とのランチ会など、社長の方からも積極的に社員との交流

社員同士での記念撮影

の場を設けています。

　野崎さんの同僚は、「仕事をやる時はガツガツやる」、「遊ぶ時は遊ぶ」というメリハリの利いたタイプが多いそうです。仕事自体はガツガツやるけれども、困っている社員がいれば周りがフォローするアットホームな雰囲気もあるのです。

　SALES ROBOTICS はベンチャー精神が溢れる社長のチャレンジングな事業戦略と、経験が少ない若手社員を根気強く指導するなど従業員同士の仲が良いアットホームな雰囲気、この両面に特徴があり、魅力のひとつではないでしょうか。

(3) 今感じている SALES ROBOTICS の魅力

　前述したように、野崎さんはパソコンやＩＴのスキルを身に着けつつ、自分の時間を確保したいという点に魅力を感じて入社しました。

　しかし、最近野崎さんが感じている SALES ROBOTICS の魅力は、仕事を通して自分自身がお客さまの役に立っていると感じる「やりがい」や、以前できなかった仕事ができるようになる「成長ができている実感」に変化しています。

　また、野崎さんは、「社内には正社員、派遣社員を問わずさまざまな経験を持つ社員が多くいるので、上司・部下を問わず全員から学んでどんどん成長していきたい。新拠点の責任者として、多くの社員を巻き込んで仕事を進められるレベルになりたい」とご自身の将来像を語ってくれました。

交流が深まるパーティのひとコマ

5　俺流の採用基準と人材育成

（1）　求めるのは、運を持ってるヤツ・やる気のあるヤツ

　SALES ROBOTICS では、2017 年入社の新卒採用は 13 名、また中途採用も通年で毎年 20〜25 名程度採用しています。どんな人材を求めているのか社長に伺ったところ、「運を持っている奴。やる気がある奴」と即答が返ってきました。

　同席していた人事担当の方は、「当社の採用基準というものがありますが…」と苦笑い。それでも「とくに専門的な知識などは必要ない」と社長は言い切ります。「だって、いくら知識があっても 20 歳そこそこで何ができるのか、という話。それよりは、コミュニケーションがきちんと取れて、やる気があるほうがよい」と言います。そして、「自分は運を持っている」と言える人に可能性を感じるそうです。つまり「前向きである」ということを重視しているのです。

（2）　スーパーマンは要らない

　「それと、もう 1 つ大事なことは『耐える能力』を持っていること」と内山社長は力説します。入社した途端、何か新しいことをしたいといい出すケースもあるようですが、「スーパーマンは要らない。スーパーマンになりたければ、まずこれができて、次にこれができて、その次にこれができて…と 1 段 1 段上ってきてほしい。経験を積み、能力を高めたからこそ 3 段飛ばしていこう、ということもあり得る。いきなり 5 段飛ばしたいなんて無理。その意気込みはあっても、耐えて 1 段 1 段上ってこられる人がいい」と考えているのです。

　社長自身がガッツのあるタイプなので意外なようですが、案外どんな業界でも社会人としてまず求められるのは、当たり前のことを当たり前にきっちりやり遂げる能力、堅実性なのでしょう。

　採用時も育成中も“伸びる”と社長が感じるのは、何でも真面目にやっている人。突拍子もないパフォーマンスなど求めていないとのことです。「真面目なのか取りつくろおうとしているのかは、見ていてすぐわかる」と言います。

　若いからこそ取りつくろおうとする気持ちもあるのは自然なこととはいえ、「素直さはもっと大事。能力は後からついてくる。人間としてのかわいらしさが重要」と社長は考えています。「好き嫌いや差別感情を持たずに、すべてを受け

エントランスの光景

入れながらも自分の意思を持って進んでほしい」と締めくくりました。

　前向きでやる気があり、コツコツ耐えて頑張れる堅実性を備え、何でも真面目に取り組める。差別感情を持たずに多様性を受け入れながら、自分の意思で進んでいける。そんな人財を SALES ROBOTICS は求めているようです。

（3）かわいい子には旅をさせる

　中国語を専攻し、中国人をはじめとする外国人とも親交が深かった内山社長は、海外の方がチャレンジ精神旺盛だと感じています。

　外国では、多くの日本人のように、1度失敗すると「あいつはもうダメだ」とはならず、ちゃんと仕事をしていれば失敗してもチャンスがあり、頑張っていればまた応援してくれるのです。「だからどんどんチャレンジして、どんどん成功する」そんな好循環があると言います。そのことを知っているからこそ、SALES ROBOTICS の社員にも、失敗してもチャンスを与えます。

　ただし、「反省と綿密な計算があれば」と条件をつけました。失敗しても自分を正当化してしまうようなのは、見ていてすぐわかります。「きちんと反省して練り直せる人には、チャンスをあげたい」どの業界でも当たり前のことです。

失敗したときの対応で、センスや打たれ強さも分かると言います。「ダメになったときの対応が下手だなとか、失敗を糧に何か良さげに仕上げるセンスがあるなとか、こういった能力は、会社が成長したときに活かせる能力だから、かわいい子には旅をさせる」と内山社長は熱く語ります。

そのため、社員の失敗には忍耐で見守ります。そこには「3か月ルール」という社長なりのルールがあります。いったん任せたら3か月は見守ることにしています。見守るなかで、これは絶対失敗すると見えていることもあると言います。そんなときは、2か月後くらいに方向修正のアドバイスをするそうです。

最近は従業員数が増え、組織が大きくなってきたので、基本的に業務は事業部長などにすべて任せているとのことです。「その代わり、リスクヘッジには気を遣っている。マズイ、と思ったら方向修正・ヘルプを出す」とのことです。

任せるべきところは任せ、締めるところはきっちり締める、頼もしいリーダーとしての社長の姿がうかがえます。

(4) SALES ROBOTICS の事例を踏まえた企業選定のポイント

同社のようなベンチャー企業で、会社とともに自分もぐんぐん成長したい、新しいことを世の中に仕掛けていきたい、日本の企業を下支えして世界で輝かせたい、と思った人は、以下の点に着目して会社選びをするとよいでしょう。

① 社長や社風に魅力を感じるか

勢いのあるベンチャー企業の場合、社長も若く意欲的・個性的な方が多いです。自分の成長が会社に貢献できる度合いも大きく、スピード感と活気にあふれる環境でチャレンジングに仕事に取り組みたい人にとっては非常に魅力的です。ただし、人によっては、いわゆるガツガツした働き方が合わないことも考えられます。

仕事は毎日のことなので、相性も大切です。実際に会社を訪問したり、社員の方にお話を聞いたりして雰囲気を確かめましょう。

② 事業内容に将来性を感じるか

ベンチャー企業の場合、既存の成熟した市場を相手に既存事業を行うのではな

く、まだ世の中にない革新的なモノ・コトを生み出し、新しい市場を創っていきます。成功が約束されていないことにも信念を持って果敢にチャレンジします。

その会社の事業内容や今後の方向性をよく調べ、将来性があるかどうか、自分なりに考えてみましょう。

③ 変化を楽しめるか

ベンチャーに限らず、どんな会社も環境変化に適応していかなければ生き残れません。とくにベンチャー企業は自ら変化を起こし、新しいビジネスの環境を作り出す側でもあります。

SALES ROBOTICS が中国語の e ラーニングから営業支援へ転換したように、3 年後には全く違う事業を展開しているかもしれません。安定が何より重要という価値観の人には向いていないともいえます。自分がそのような変化を楽しめるタイプかどうか、考えてみるとよいでしょう。

④ 理念に共感できるか

SALES ROBOTICS の場合、「インターネットの力で世界で活躍できる人材と企業を創る」というスローガンのもと、日本の素晴らしい製品をもっと効率よく販売したい。営業担当者の働き方を効率化して、売上と利益に貢献したい。企業やそこで働く人、ひいては日本全体に笑顔が広がっていくように…という理念があります。

理念は会社の存在理由であり、日常業務の判断基準となるものです。社員全員が一丸となって向かっていく目的です。理念に共感できなければ、毎日の仕事に違和感を覚えてしまうでしょう。

各社の理念や社是などは、ホームページや会社案内で見ることができます。とくにベンチャーは抽象的ではなく、具体的な理念を掲げている会社が多いので、自分の価値観とマッチするかどうか確かめてみましょう。

第7章
音で人と人をつなぐことに挑む
～エヴィクサー株式会社～

　スマートフォンを活用した邦画のバリアフリー上映（音声ガイドや字幕のサービス）が、全国の映画館で開始されているのをご存知でしょうか。また、テレビCMに自分のスマートフォンを連動させ、キャンペーンを受けた経験をお持ちでしょうか。

　エヴィクサー株式会社は、音に情報をのせる要素技術のプロバイダーとして、音に反応するアプリの開発などを行い、新市場の創造を続けています。そんなエヴィクサーの魅力をお伝えします。

【エヴィクサー株式会社の魅力のポイント】

- 希少で高度な要素技術を保有し、大企業と連携した大きい仕事が多い
- 未開拓の市場があるため、新しい市場を創造する機会が豊富
- 自ら知識やノウハウを高めれば、経営に参画できる土壌がある
- 社長や役員をさん付けで呼ぶフラットで風通しのよい企業風土がある
- 視覚障がい者向けの、世の中に喜ばれるサービス・商品を提供

1 企業の概要・特徴

（1） 会社概要（2018 年 4 月現在）

会 社 名 ：	エヴィクサー株式会社
代 表 者 ：	代表取締役社長　瀧川　淳
所 在 地 ：	東京都中央区新川 1-17-22　松井ビル 1 階
設 立 ：	2004 年
資 本 金 ：	2 億 4,200 万円
従業員数 ：	20 名
事業内容 ：	音の信号処理に基づくソフトウェアの研究開発 （ＡＣＲ技術、音響通信、音センシング）
Ｔ Ｅ Ｌ ：	03-5542-5855
Ｆ Ａ Ｘ ：	03-5542-5856
Ｕ Ｒ Ｌ ：	https://www.evixar.com/

（2） 社是・経営理念・行動指針

　東京都中央区のオフィスにて、創業者の瀧川社長、ビジネスソリューション事業部の那須事業部長、経営企画室の楢原主任の 3 人にお話をうかがいました。

　エヴィクサーの社是は、「誰もやらないことが、誰にもやれないことになる。実りあるアウトプットを創出する」です。経営理念は次のとおりです。

【経営理念】

1. 一貫性のある長期ビジョンを従業員全員が共有し、どんなに小さなことでも、基本に忠実に忍耐強く最後まで努力する。
2. 相乗効果のある新規事業を開発し、また常に最先端の技術を追求し、その分野で No.1 になる。
3. 個を尊重し、個の力を最大限発揮する環境とチームワークを創出することで、個人と会社の成長に繋げる。
4. 顧客のことを顧客以上に考え、顧客の利益に貢献する。
5. 社会に対する公正さと、環境との調和を大切にする。
6. 次世代の子どもたちに、よりよい地球環境を約束できる社会貢献活動を行う。

---

(3) 沿革

　瀧川社長は、一橋大学の3年生の頃に、東京電力の社内ベンチャー企業で、長期インターンシップとして働き、多くの営業経験を積みました。

　その後社長は、知人の紹介で現在のエヴィクサーの前身である韓国のベンチャー企業に出会い、2004年に韓国のITベンチャー企業の日本法人の設立に至りました。

　2005年に、その韓国の親会社は業績不振や兵役による人材不足で、経営が立ちゆかなくなります。日本法人は設立済みであったこともあり、社長は日本の事業を買い取り、MBOという形で日本エヴィクサー（のちにエヴィクサー株式会社と社名変更）の第二創業に取り組みました。

瀧川　淳　社長

2　独自技術で、新しい市場を創造する
(1) 独自技術による躍進

　エヴィクサーの強みは、ACR技術（Automatic Content Recognition、音に関する要素技術）です。この技術は、音に特定の情報を載せることができ、音を発信するものと受信するものがあれば、情報を伝えることができます。

　たとえば、スマートフォンのマイク機能で音を拾うことで、専用アプリにテレビCMに合わせて商品の情報を送ることや、電車内の放送に合わせて電車の運行情報を届けるといったことが可能になります。

(2) 技術提供による国内外初のアプリの誕生と多数の企業との連携
① 国内初のCMとスマホの連動を実現

　ACR技術が確立されると、大手飲料メーカーのCMやTV番組、映画などとの連携で、数々の日本初や世界初のアプリ開発が行われました。

2012年には、国内初の「テレビCMと連動した音声認識アプリ」の活用に技術を提供しました。この技術は、テレビCMの音に、同社が開発に携わったスマートフォンのアプリが反応して、懸賞が行われるものです。

　音声の要素技術の海外事例でも、テレビをスマホに連動させる派手な演出が多いため、「テレビ関連の仕事は派手でどこか格好いい」と社長は言います。

　「社内では、世界的に有名な飲料メーカーのCMで採用されたのだから物凄いことだという感じになりました。有名なCMですから。これからは、CMを見た人の数がわかるから、ビックデーターへの展開もいいなって、当時は考えました」

図表7-1　ACR技術の仕組み

② 世界初「音・静止画・映像」3つの認識技術の同時実現

　2013年8月には、TBSテレビ系列「世界陸上モスクワ2013」で生放送番組とスマホのリアルタイム連動をさせます。エヴィクサーが担当したのは、スマホアプリへの技術提供です。

　このアプリでは、テレビからの音声・静止画（ロゴマーク）・動画（CM）を認識させます。テレビの音や映像を認識して、アプリ内のゲームで使えるポイン

第 7 章　音で人と人をつなぐことに挑む〜エヴィクサー株式会社〜

トを獲得。テレビの視聴とスマホアプリの動作を、認識技術が結び付けるという、世界初の仕組みを実現させました。

③　映画とスマホの連動で Yahoo! JAPAN のゴールド賞を受賞

　世界的に有名な飲料メーカーのＣＭ等で順調に知名度を上げてから 1 年ほどで、角川書店配給「貞子 3D2」というホラー映画で同社に声がかかりました。そして、その技術が著名な賞を受賞することになります。2014 年、ＡＣＲ技術を提供した『貞子 3D2』スマ 4Dプロジェクトが「Yahoo! JAPAN インターネット　クリエイティブアワード 2014」企業の部　スマートデバイスアプリ部門 Gold を受賞したのです。

　これは、映画のシーンに合わせて、スマートフォンに貞子から電話がかかってくるなど、今までの映画館の概念にない新しい仕掛けでした。映画のスクリーンとスマートフォンが音声認識で連動し、映画のシーンに合わせて、手に持ったスマートフォンが光ったり、震えたり、さらには電話がかかってきたりする、「スマ 4D」という全く新しい映画鑑賞システムを構築したのです。

　ユーザーは、「スマ 4D」のアプリをダウンロードし、映画館にてアプリを起動したまま映画を鑑賞します。映画が始まると、自分の電話帳のデータが消えたり、または知り合いに勝手に電話をかけてしまったりといったサプライズが発生します。

　さらに、映画を見たその日の夜中 0 時に、貞子から電話がかかってきたり、クリスマス・イブには「今、誰といる？私からのプレゼント…受け取って」と電話で驚かせながら DVD 発売告知をされたりするなど、館外でも継続的に映画の世界観を訴求し、ユーザーを楽しませました。

『貞子 3D2』スマ 4D

当時は当然ながら、鑑賞の妨げになるため、映画館内ではスマホの電源を切るのが常識でした。ところが「これまでの常識を逆手にとって、映画館でスマホが連動するという常識を覆す特別な仕掛けを作ったんです。むしろスマホを立ち上げて映画を楽しもうという全く新しいコンセプトです」と社長は説明します。

このコンセプトは、テレビや広告業界から注目を集めました。しかし一方で、上映中にスマホを立ち上げることは、映画の盗聴のリスクもあります。このため、スマ4Dに続く企画がどんどん立ち上がる、といったことはありませんでした。

（3）障がい者の切実な希望を知り、音声ガイドを開発
① 視覚障がい者と健常者とが一緒に楽しめるバリアフリーの映画が全国に配給

2016年夏、「映画もバリアフリー、音声で情景描写　第1弾は『ワンピース』」というニュースが映画業界を駆け巡りました。人気アニメ「ワンピース」の劇場版を、視覚障がい者が健常者と一緒に楽しめるよう、手元のスマホから情景描写の音声ガイドが聞ける映画として初めて全国的に配給されたのです。

音声ガイドを利用するには、同社が技術提供する無料アプリ「UDCast」をあらかじめスマホやタブレット端末にダウンロードします。エヴィクサーがこのスマホアプリにＡＣＲ技術を提供しました。

このアプリによって、セリフの合間に場面を説明する音声ガイドが流れ、視覚障がい者はイヤホンで聞きながら、一般の映画館で一緒に映画を楽しむことが初めて可能になりました。

② 障がい者支援NPOからの思いがけない連絡

時は2013年10月に遡ります。経済産業省主催のデジタルコンテンツEXPOで「世界初のスマホ連動映画　貞子3D2スマ4Dはどのようにして作られたのか」というパネルディスカッションに、エヴィクサーの技術責任者がパネラーとして参加。いろいろなシーンで驚きを演出するためのアイデアを紹介しました。

そのディスカッションを見て真っ先に連絡があったのが、障がい者の支援サービスのＮＰＯメディア・アクセス・サポートセンターです。「エヴィクサーの技術は、障がい者支援のために、非常に有効ではないか」という内容でした。

当時、時代に先駆けていると自負していた瀧川社長は、自分たちでは気づかなったニーズの発見について、ＮＰＯの方の発想に脱帽しました。

「映画を通常の環境だと見られない人や、見るのに不便な人に、スマホを使って何かできるんじゃないかっていう発想は持っていなかったんですよ。困っているというのは、ニーズというよりむしろソリューションです。みんなと一緒に映画を楽しみたいという要望が強いので、スマホを映画館の中で立ち上げちゃダメだというこれまでの常識を覆すんですよね。それがすごく僕の驚きでした」

③ 自分達の技術が「世の中に役立てる」ことに気づかされた瞬間

2015 年の東京国際映画祭で、ＮＰＯの代表（自身も視覚障がい者）、技術者の代表、映画館、映画配給会社によるパネルディスカッションが開催されました。

各代表が、ＡＣＲ技術の説明や施設としての取り組みや制作側の話をするなかで、ＮＰＯの代表は、ユーモアを交えながら、障がい者の本心を語りました。

「障がい者だからって、そもそも皆いい人じゃない。キャラクターだって皆さん健常者と一緒ですよね。すけべな人もいれば、陰気な人もいて、面白い前向きな人もいます。笑われるかもしれないけど僕は映画が趣味なんですよ。だからもっと映画見るのが趣味だって言いたいんですよ」

会場は、笑う人、うなずく人が半々くらい。パネラーの瀧川社長は、その話に惹きこまれ、「はっとした」と言います。

「映画が好きって楽しそうに話しているこの人自身、目が見えない。でも、視覚障がい者の方でも映画を見るのが趣味だって言える世の中にしたいよな。もし自分たちの技術がそれに役に立つのであれば最高だって、すごい鳥肌が立ったんですよ。なんて言うんですかね。胸がいっぱいになるっていうか」

映画館では通常、知らない人が横で笑ったりすすり泣いたりしながら、一緒に楽しみます。しかし、障がい者が映画を鑑賞する機会は非常に限定的でした。公民館など限られた場所・時間で、1〜2 年前に上映された映画を見る以外になく、自分の好みで選ぶことも、家族と見に行くこともできませんでした。ＮＰＯの代表は切実に話しました。

「だから何か隔離されているように感じる。映画って実は共有されているメデ

ィアで、誰かと一緒に見て一緒のタイミングで笑いたい。やっぱりそれには健常者と同じスクリーンで並んで見たいんですよ」

（4）エヴィクサーをやっていて良かった

　よくある成功ストーリーで、朝起きて「これだ」という閃きがある。それに近い感じがあったと社長は、目を輝かせながら微笑みます。

　「ＮＰＯの代表の話は、景色が変わるというか。僕らの力はその切実な希望に応えることができるとわかって、この会社をやっていて本当に良かったなと思いました。新しいことを生み出すときは、常識が通用しないところにヒントがあるんだ。人さまの役に立つ案件に、当社の技術が貢献する時がくるとは思わなかった。障がい者が映画を楽しみたいという希望を叶える技術が当社にあるんだ、と」

　映画館に１つ１つ設備を入れるような仕組みであれば、相当のコストや導入までの時間がかかります。しかし、音声ガイドは、映画館の音を、通信の通路にするので、無声映画でない限りすべての映画で成立できます。それが、迅速に全国の映画館に普及している理由です。

　すでに現在上映中の映画には、ほとんどこのシステムが導入されており、下記のマークが上映スケジュールに付いています。

図表 7-3　音声ガイドのマーク　　　　聴覚障がい者向けのメガネ端末

　今後、これまでの視覚障がい者用の音声ガイドに加えて、聴覚障がい者用の、字幕が見えるメガネ型のシステムも、全国の映画館に導入される見込みです。

　同社と同じように、音の認識といった要素技術の開発にアルゴリズムから取り

組んでいる会社は世界中に 20 社くらいはありますが、視覚障がい者の支援をするこのような事例はあまりない、ということです。

(5)「バリアフリー」で日本の文化を守り、育てる
① ロボホンによる日本初の外国語ガイド

エヴィクサーの「バリアフリー」への取り組みは、さらに進化し続けています。

音響通信によるロボット制御技術をリリースし、シャープ株式会社のコミュニケーションロボット RoBoHoN（ロボホン）に同技術を提供しています。

2017 年 1 月、明治座館内で、シャープ、明治座、リコーと共同で、日本初の「人の耳には聞こえない透かし音(非可聴音)」を用いた、コミュニケーションロボットによる外国語ガイドサービスを、訪日外国人観光客向けに開始しました。

実際に、明治座インバウンド向け公演「SAKURA-JAPAN IN THE BOX-」では、本サービスを使って、来場者がロボホンを持って館内を歩けば、場所に合わせて、外国語で同公演の内容や明治座の歴史、明治座館内で販売されるお土産や館内設備などについて案内するというものでした。

図表 7-4　ロボホンの仕組みと明治座の案内図

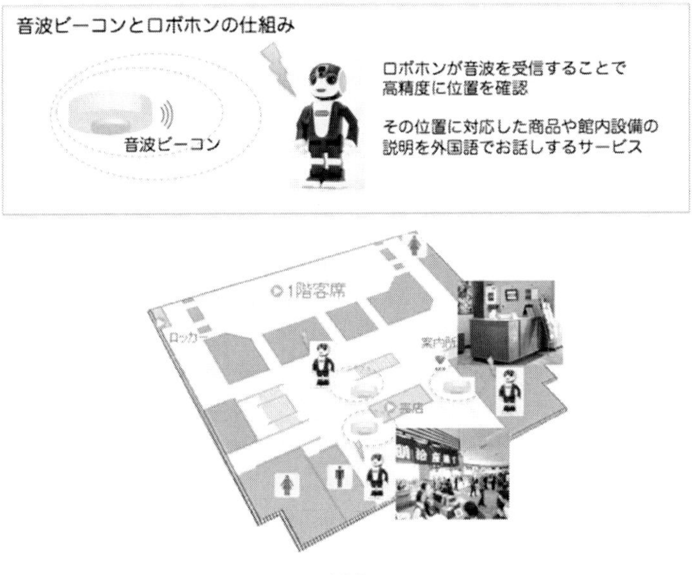

音波ビーコンとロボホンの仕組み

ロボホンが音波を受信することで
高精度に位置を確認

その位置に対応した商品や館内設備の
説明を外国語でお話しするサービス

音波ビーコン

これは、同社の音響通信技術「Another Track(R)」により、館内の随所に配置された音波ビーコンから発せられる非可聴音をロボホンが取得し、ロボホンの位置を高精度に測位することが可能となり、実現できたサービスです。

② 日本の文化を守るため、分野が異なる中小企業同士で新連携

日本の文化を守り維持するため、異業種の中小企業との新連携も行っています。

具体的には、2017年に同社と(株)イヤホンガイド、(株)檜書店が連携した『伝統芸能における機動性の高い舞台解説サービスの開発・事業化』が経済産業省から「新連携計画（異分野連携新事業分野開拓計画）」として認定を受けました。

本事業では、同社の「音響透かし技術」により、歌舞伎の解説や字幕をなどのコンテンツを、観劇者のタブレット端末やスマートフォンの画面に表示させることが可能となりました。「音響透かし技術」とは、紙幣の「透かし」と同じく、音声信号に暗号化を施した文字情報などを埋め込む技術です。

歌舞伎・文楽・能楽といった伝統舞台芸能には時代背景の知識や、独特な所作や、わかりづらい表現が多いのですが、観劇者が同時解説サービスを受けることにより理解を深めることができます。

従来、解説サービスの導入には高額な初期投資および運用費用が劇場側に必要でした。本事業はこの課題を解決するため、字幕等を表示するための通信に同社の音響透かし技術を採用して、劇場側は通信設備においては既存のスピーカー設備のみで、解説サービスを観劇者に提供することができるようになりました。

図表 7-5　音響透かし技術を用いた解説サービスの仕組み

③ これからさらに広がる言語のバリアフリー

同社では、今後普及していくのは言語のバリアフリーだと考えています。それは、メガネ型のウェアラブル端末に多言語字幕を、即時表示する字幕サービス。外国人向けや、高齢化が進むなかで耳がだんだん遠くなった方に役立ちます。

これにより、大規模劇場以外の劇場にも解説サービスを提供でき、本事業における解説サービスの市場規模を拡大することができます。また電波を使わない通信であるため、海外公演にも電波法による規制がなく、本事業の解説サービスを展開することが可能となります。この連携により、国内のみならず海外で需要が高まる「日本文化」の発信に貢献できるようになるのです。

社長は、感心しながら話します。「連携先の方は、僕よりもはるかに年上で経験の豊な方で、しかも何代か続いている歴史ある企業の経営者でした。そういう方と話ができるというのは、同社と違った会社のあり方をも学ぶことにもなります。大手と組むことだけじゃなくて、少子化でGDPが減っているなかでも、まだまだ日本の中小企業ってできることがいっぱいありますよね。少なくとも世界最高水準のサービスレベルを支えている企業ばかりですからね」

3 研鑽を大切にする企業文化
（1） 好奇心を持って活発な議論が行われる研究開発

「研鑽」はエヴィクサーの経営哲学の1つです。

「歴史小説『竜馬がゆく』（司馬遼太郎著）が、発表以来今日まで日本人に深く感銘を与え続けているのは、坂本竜馬の好奇心とその好奇心から生まれるいろいろな出会いの度に成長していく姿に自分を投影でき、強く共鳴するからだと考えています」と社長は言います。

同社の社員も、常に知的好奇心を持って自分を磨く、新しいことにも挑戦する、昨日より今日の自分、今日より明日の自分、毎日その自己研鑽の姿勢を持って、毎日自分の成長を楽しんで、業務に取り組んでいます。たとえば、新しい技術の発表や、他社が新製品を発表した際は、積極的に調べるだけでなく、手に取って、仕組みを分析します。自分達のものにするまで夢中で分析します。部室みたいな

雰囲気で、いろいろなものを買って自社の技術と組み合わせ、すぐ作って社内で共有しあっています。

　ＩｏＴに関心が高まるなか、ソフトウェアの会社でも、機能の実現が容易にできるような環境が整っています。同社では、他社技術との組み合わせの試行錯誤から、独自の技術を生かしたインパクトのあるデモンストレーションを実施するために、議論を活発にしています。

（2）フラットな関係で自由な意見の促進を図り、打ち上げでは社長が幹事となる

　同社では、瀧川社長を、「社長」と呼ぶ社員は、誰一人いないそうです。社長は「瀧川さん」と呼ばれ、ほかの役員も「さん付け」で呼ばれています。

　「あまり上下関係なくフラットな、みんなで机を並べていろんな議論をする雰囲気ですね。僕の理想は、組織があまり階層に分かれてなくて自由に、『ああそれ面白いね、だったらこうだね』などと、どんどん意見やアイデアが飛び交っていくのがよいと思っています」

　一般的に、フラットな文化ほど多様な意見が出ます。年齢や性別、職位に関係なく、社員同士が対等な関係のなかで議論ができる組織文化です。同社でも、社員が自らの判断で行動し、一人ひとりの自由な発言を大切にし、「誰が言ったか」ではなく「何を言ったか」を重視しています。実際、全員が賛成するアイデアより、当初は反対されたプロジェクトの方が、成功するケースが多いそうです。

　プロジェクトを終えた後は、社長が幹事として焼き肉パーティを開催しています。「結構それは大事だと思いますよね。人と人との距離って積極的に近づけないとチームワークって出てこないと思います。僕が一番幹事うまいんで僕がやっています。注文をとるのも僕ですよ。気が利かないなあと思いながら（笑）」

（3）若手をチームでサポートしながら現場での成功体験により人を育てる

　前述したロボホンでの日本初の音響通信による外国語ガイドサービスは、入社まもない中途社員が、即現場で活躍しました。チームでしっかりサポートしながら、みんなで協力した成果です。

　「新人の登用は、走りながら身につける感じですね。難易度が高いですが、成

功体験を味わうと気持ちいいじゃないですか。入社して早い段階で、できればいい成功体験を積んで欲しい。社長の僕の役目は、成功体験を全力でサポートすることです」と、社長は熱く語りました。

（4） 営業、開発部門に関わらずお客さまの前にでる

同社では、現場の社員で一緒に商品を作って、そのつど、お客さまによって臨機応変に対応することが求められます。開発や技術の担当もお客さまと積極的に接点をもつ機会があり、お客さま目線があるからこそ新しいものが生まれているのです。「お客さまの前に出ない社員はいないようにしている。技術を持っている人が、お客さま目線を持ったら最強」と社長は言います。

（5） 自分たちの技術で新市場を開拓する志

瀧川社長は従業員について、エヴィクサーでしかできない市場創造の魅力に惹かれた人が多いと言います。

「音響分野で市場を創造するというのは、他にありそうでなかった。そういうなかで、技術を持っている人で『一丁当ててやろうか』みたいな人とか、『音に携わる仕事がしたい、既存のものじゃなくて新しい市場にチャレンジしたい』という人に来てほしい。新しい市場が広がり、ある意味、パイオニア的な役目になれば従来の産業で働くよりも自分が持っているスキルに付加価値が付きます」

4 忠恕（まごころと思いやり）を大切にする
（1） 忠恕とは自他の区別なく素直に接すること

エヴィクサーは、音に情報をのせるという特殊な要素技術を有する企業のため、ロジカルさや効率性ばかりを重視するイメージがありますが、実は『忠恕』（ちゅうじょ）を大切にしている企業です。「忠恕」とは、自他区別のないまごころと思いやりをもって日々、行動することです。この言葉は孔子が記した論語にルーツがあり、忠は「まごころ」、恕は「思いやり」と解釈されます。

社長は学生時代、恩師からこの言葉を初めて聞いたときは、ほとんど意味がわ

かりませんでした。しかし、今では、「忠恕」とは自他区別ない素直な心構えで、物事に接することだと考えています。自分のことのように相手に接する、これはお客さまと接するうえでもメンバー間で接するうえでも大事な心がけです。本気でぶつかることができ、本気でぶつかっても関係が壊れないのは、まごころや思いやりから発せられた行動であるからです。

（2）技術に忠恕（まごころと思いやり）をのせたい

　いかに技術者の気持ちを汲みながら、お客さまとの交渉ができるか、この課題について社長は次のように話してくれました。

　「技術に対する敬意がないと、あっという間にお客さまに値切られて、その技術の必然性の説明もできずに終わります。自分自身が、直接的にものづくりをする技術者ではないため、いかにその価値をわかってもらうか、技術者に自分が思ったものを作ってもらうか、と試行錯誤した結果、忠恕に行き当たりました」

　「技術の伝達を支えるのは、チームワークであり、顧客や仲間に対する思いやりや、まごころです。技術者が何をもって作ったのかという思いや、お客さまが本当に何を作って欲しいのかという思いを、きっちり表現してやらなければいいものはできません。技術者と営業マンとお客さまの信頼関係を表すために、『忠恕』という言葉を大切にしています」

　「想いというものがなければ、人は説得できません。自社のブランディングを意識するのも大切。会社のロゴが入った、大切な会社のブランドが付いているものは、おいそれとは捨てられません。青臭いかもしれませんが、大事なことです」

　インターネットが普及し、新しい商品やサービスの評判がすぐに分かる今日、さまざまな分野で競争が激化しています。新しいニーズに対応しようと開発競争を急ぐあまり、当初の技術者の思いが失われがちになってきました。同社が立ち戻るところは『想い』なのです。言葉でもレポートでも、商品でも、きちんとしたオリジナリティや魂がこめられているのです。

（3）商品の値決めは自分の子供に名前をつけるのと同じ

　京セラの稲盛和夫会長が、「経営の死命を制するのは値決めです」と言ってい

ますが、瀧川社長も同じことを考えています。

「値決めできるっていうのはチャレンジしている証拠です。まあ、それは 10 円になるかもしれないし、100 円になるかもしれないですよ。それこそ、子どもが生まれて、子どもの名前を決めるのと同じです。自分が生み出したものを、お客さまに与えてもらった機会で、値段を決めるのは楽しいことだと思います」

値決めは単に売るため、注文を取るため、という営業の問題だけではなく、時には経営を左右する問題です。アップルのスティーブジョブズが最初に iPod を 399 ドルで値決めをしたとき、周囲は高すぎると猛反対したといいます。しかしジョブズは、スニーカーでさえもっと高いものもあると反論し、結果的には大成功をおさめました。値決めは、売り手にも買い手にも満足を与える値である必要があります。そのためには、顧客のニーズ、技術者の想い、製品の魅力を踏まえた判断が必要ということです。

（4）自社のブランディングを強化しつつ大手とのアライアンスを重視する

大企業も、現状を打破するために、中小企業の活性力や新しいことにチャレンジする取り組み方に対して、積極的に反応するようになってきています。エヴィクサーにおいてもアライアンス（複数の企業が互いに経済的なメリットを享受するために、緩やかな協力体制を構築すること）の重要性を認識し、他社と連携して自社の技術の価値を上げています。

「よくインテルやドルビーを例にして話します。いろいろな要素技術が入っているからこそ価値が上がる。他社とのアライアンスのなかでの自社のブランディングに挑戦することを心がけています。そうしないと、どうしても下請け的な感覚になってしまう。それはそれで生きる道なんですけれど、せっかくご縁があって、タイミングがあって、優位性のある商品や要素技術を届けられる環境にあるのであれば、埋もれさせないという自負があります」

中小企業は、企業内部のヒト・モノ・カネ・ノウハウなどの経営資源が乏しく、1 社だけではめざすべき事業戦略が行えないことがあります。

しかし、他企業とアライアンスを構築することで、設備・資金・人材・技術・ノウハウ等の必要な資源の獲得や、新規取引ルートの構築などを行うことで、自

社が持っていない新市場・新製品開発力、技術力の補完が可能となります。
　エヴィクサーは、自社の特殊な技術力を強みとして大企業と連携し、大企業の知名度やネットワークを有効に活用して事業展開に繋げています。

(5) 本当にお客さまのためになる提案なのかを真摯に考える
　お客さまのためにならないような提案であれば、提案を取りやめる勇気も必要と社長は言います。「誰もが売上は欲しいし、ましてや、お客さまがせっかく予算を用意してくれたのに、このまま進めたいという葛藤はあります。それでも自分から断らないといけない時がありますね。お客さまにメリットがない点や、ニーズにそぐわないということを真摯に伝えれば、逆にお客さまとの信頼関係が得られます。本気だから信用され、信頼されるものです」

5　エヴィクサーの業務と求められる人材
(1) ビジネスソリューション事業部の業務内容
①　足より頭を使う営業
　エヴィクサーのビジネスソリューション事業部の業務内容について、那須部長に話を聞きました。
　「ビジネスソリューション事業部の仕事は、企画営業です。特殊な技術であるがゆえに、技術に理解や興味をもつ顧客に対して、いかにアプローチするかを考える企画営業です」
　ＩＴが普及している現代では、上手な情報発信ができれば、お金を使わなくても、ＳＮＳなどで情報が広がっていきます。新しい技術で新しい市場の開拓をする同社のような中小企業にはチャンスがあります。

ビジネスソリューション事業部
那須　猛士　事業部長

第7章　音で人と人をつなぐことに挑む〜エヴィクサー株式会社〜

②　人様の役に立っているというのは変えがたいモチベーション

　那須事業部長は、バリアフリー上映や自社のシステムを導入して運営している施設を時々訪問します。その際、利用者の方からさまざまな感想をいただきます。

● 今までは、聞こえるのがセリフだけだから、さっぱりわからない映画のシーンも多かった。音声ガイドで、"桜の咲くころ"とか、"雨に濡れたアジサイ"とか季節の移り変わりや"江ノ電が走った"という解説でその固有の場所がイメージできます。情景の説明が入るから場面がよくわかります

● 映画館でリアルタイムに感動できる。今までは、みんなが笑っていても後からあのシーンで何があったかを聞いて、後から一人で笑って変な人みたいになる。涙がポロリとなるシーンでも、リアルタイムで感動できる

● いつでもどこでも新しい映画も見られる。最新の映画を見たことで、視覚障がい者の自分が、目の見える友人に初めて映画を勧めることができた

　那須部長は、「映画館の音声ガイドを活用頂いている人から、多くの感想やたくさんの感謝の気持ちを伝えられてうれしい」と言います。

③　自分が心から売りたいものを売っている幸せ

　営業という仕事は、一般的に、会社から数字目標を与えられ、お客さまに自社の商品を売り込む必要があります。時には、自分がよいと思っていない商品を売らざるを得ない場面もあります。

　「非常に恵まれている、と思っています。売りたくないものとか売れないものを売っているわけじゃないので。世の中のためにもなりますし、自社には技術的な競争力もあって、新しいことでもあります」と那須部長は言います。

④　来てほしい人材は、コミュニケーションを大切にする人

　同社では、社内的なチームワークはもちろん、ＮＰＯ法人や障がい者、コンテンツ制作会社など、多様な複数の方とのコミュニケーショを大切にしています。

　那須部長は「形のあるものを売っているわけではないので、臨機応変に新しい展開を考えられる発想力も必要です。しかし、そういうことよりは、営業先でお客さまに連れられて廊下を歩いて、ゴミが落ちていたら自然にゴミを拾えるよう

137

な、そういう魅力ある方と仕事を一緒にしたいですね。就職活動のためじゃなくて、心からやりたくてボランティアをやっている方は好きです」と言います。

　気づかいができることは優秀な営業担当の条件。たとえば、優秀な営業担当者ほど、お客さまの駐車場に車を停める際は、お客さまの車両の迷惑にならないように一番遠くに車両を停め、営業カバンの下にハンカチを敷いて、お客さまの事務所の床を汚さないようにするような気づかいが自然にできるものです。

（2）経営企画室の業務内容
① 非常に多岐にわたる業務内容

　経営企画室の楢原主任に、業務内容と特徴について、お聞きしました。

　「設立13年くらいですが、大企業であれば、複数部門に分かれる業務内容を経営企画室がすべて担っています。数字を把握するための財務機能や、会社の資源に集中させるための経営戦略の策定、社員の意思や希望をつなぐ人事、売上を上げるためにどういったターゲット層を狙うのかなどの営業支援、費用や工数を下げるための計画と実績管理、総務の機能など数をあげればきりがありません」

　「ビジネスソリューション事業部の那須部長と一緒にお客さまのところに行って、資料をまとめたりもします。また、映画館でのバリアフリーのようにわかりやすい事例が増えてきましたので、広報の機能も最近、力を入れています。端的には、経営陣の意思決定をどれだけ支援できるかということが最大の仕事です」

経営企画室　楢原　昌洋　主任

②　一から仕事を作っていくことが好きな人におすすめ

　楢原主任は続けます。「実は、新しい業務の流れを一から作っていくということが結構多いです。人事をやろうと思えば人事の勉強をして新しく一から作ると

いうふうになる。法律とか仕組みと関連する内容を自分で勉強しながら会社として作っていくというイメージです。一から仕組みを作ることが好きという方に向いています」

　大企業では、既存のできあがった仕組みのなかで、一部の機能を果たす業務をこなしていくことが求められることが多いものです。

　一方、比較的業歴の浅い中小企業では、まだ社内業務の仕組みが明確になっていないケースがあります。新たに制度を作るたいへんさも伴う反面、自分が会社の制度作りに貢献できたという充実感や、経営幹部になるための実力が身につきやすいという特徴があります。

③　自分で知識を高めれば、会社の意思決定ができる

　「各々の専門分野を高めていく必要がある部署のため、なにか特定の分野に尖ってやれるという意思がある方にはおすすめの仕事ですね」と楢原主任は説明します。「たとえば、財務の知識を高めたいと自分が思って必死に勉強すれば、会社の中では、一番の自信や知識を持つ人間になれます。そうなると、会社の意思決定に関わる業務が増えるので、やりがいがあります。自分を高めれば、経営に参画できる機会を得られるとは、非常に素晴らしい会社だと思いますね」

（3）　過去の成功体験よりも、謙虚にチャレンジできる人材を

　瀧川社長は、同社の求める人材について、次のように語りました。

　「こういう少子高齢化や複雑な国際情勢でいうと、若干閉塞感を感じやすいものです。だからこそチャレンジしたいという意欲のある若い人とは、一緒に仕事がしたい。また、まだまだ捨てたもんじゃないぜっていうミドルやシニアの人も歓迎です。ただし、できれば過去の成功体験が通用するかどうかは分からないので、あまり威張っている人よりも謙虚な人がいいですね。国籍も、性別も、定年はありますが年齢も問いません。うちの会社にくれば明るくなれると思います。社員が自分を表現できる会社でありたいなと思いますので。チャレンジは全力で応援します。生まれてきたからには表現してやってほしい」

（4）就活生や転職を考えている人に向けて

　エヴィクサーのように、特殊な技術を有し、社員が知恵を絞り、新市場を創造する成長力のある中小企業で働きたいと思った人は、就職・転職活動の時に以下の点に着目して会社選びをするとよいでしょう。

①　企業も人も成長できる土壌があるかどうか

　すでに市場が成熟している業種では、競合他社と限られたパイをとりあう熾烈な競争が繰り返され、その結果として社員が疲弊していく企業も見受けられます。

　一方、新しい技術など成長余力のある商品・サービスを扱う企業においては、新しい市場を創造していくための高いモチベーションを持つ社員が求められています。

②　世の中に貢献できていると自分の仕事に誇りを持てるかどうか

　同社のように、社会の役に立つ商品・サービスを提供している企業では、お客さまから感謝され、自分が働いていて心から良かったと感じる機会に恵まれている、といえます。

③　若手社員が活躍できる機会がどれくらいあるか

　会社の重要なプロジェクトや経営方針に対して、若い社員が自分の意見を提案できる文化が醸成されている企業は、社員のやりがいが向上し、企業も活性化します。若手社員からの意見を集め、会社の改善活動に参画できる仕組みや意見を言いやすい風通しの良さがあるかどうか、企業訪問時などに人事や働いている方々に直接確認するとよいでしょう。

第8章
日本の伝統を 1000 年先の未来につなぐ
～株式会社和える～

　矢島里佳代表が大学 4 年のときに設立した会社は、「日本の伝統を次世代につなぐ」という一貫した理念で、多くの人々の共感を呼び、支持を広げています。

　国内トップクラスの優れた事業アイデアを持つベンチャー企業として、経済産業省の「中堅・中小企業等イノベーション創出支援プログラム（飛躍 Next Enterprise)」や第 2 回 APEC「APEC BEST AWARD」にて、APEC best award 大賞、Best social impact 賞に選ばれるなど、そのビジネス手法にも注目が集まっています。

　株式会社和える（あえる）の魅力や働き方についてご紹介します。

【株式会社和えるの魅力のポイント】

- 伝統産業市場に好循環を生み出す新たなビジネスモデル
- 技術力の高い職人さんたちとの強い連携が経営基盤
- お客さまの共感を呼び "aeru" ファンを増やす伝える接客
- 社員の個性を引き出すアットホームで開放的な組織文化
- 社員と会社の成長につながる働きやすさと働きがいの実現

1 企業の概要・特徴

(1) 会社概要(2018年6月現在)

会 社 名：	株式会社　和える
代 表 者：	代表取締役　矢島　里佳
所 在 地：	東京都港区西麻布 3-5-2
資 本 金：	1,000万円
従業員数：	非公開
東京直営店：	aeru meguro：東京都品川区上大崎 3-10-50　シード花房山 S+105
京都直営店：	aeru gojo：京都府京都市下京区松原通室町東入玉津島町 298
事業内容：	"0から6歳の伝統ブランド aeru"事業、"aeru room"事業、"aeru oatsurae"事業、"aeru re-branding"事業
Ｔ Ｅ Ｌ：	03-6721-9624
Ｕ Ｒ Ｌ：	http://a-eru.co.jp

東京直営店「aeru meguro」：階段箪笥をモチーフにした可動式の 7 段の棚が特徴
　（写真提供：株式会社和える）

(2) 事業内容

株式会社和えるは、若き女性起業家としても注目されている矢島里佳代表が2011年3月に設立した会社です。

そのおもな事業内容は、次のとおりです。

矢島　里佳代表（写真提供：株式会社和える）

- 0から6歳の伝統ブランドaeru 事業：日本の伝統産業の職人と作る、幼少期から使えるオリジナル商品の企画・開発・販売。
- aeru room 事業：泊まることで、地域や日本の伝統文化を体感できるホテル・旅館の一室からプロデュース。
- aeru oatsurae 事業：世界にひとつだけの商品を若手職人と共にお誂え（オーダーメイド）。
- aeru re-branding 事業：企業やブランドの本質・真の魅力を磨き出し、次世代へのつなぎ方を策定。

(3) 社名とロゴから伝わる一貫した想い

和えるのミッション（使命）は「先人の智慧（ちえ）を私たちの暮らしのなかで活かし、日本の伝統を次世代につなぐこと」で、社名やロゴにもその強い想いが込められています。

ごま和えなどに代表される「和える」という言葉には、「異素材同士がお互いの形も残し、お互いの魅力を引き出し合いながらひとつになることで、より魅力的な新たなものが生まれる」という意味があります。

「日本の伝統や先人の智慧と今を生きる私たちの感性や感覚を「和える」ことで、互いの本質を引き出し、より魅力的な日本を次世代につないでいきたい」そんな想いが社名「和える」には込められています。

「和える」のブランドロゴはふたつの円が重なりあってできています。日の丸

のような赤い丸は、「日本の伝統・先人の智慧」を表しています。そこから少し出ている「七宝（しっぽう）文様」が入った円は、「今を生きる私たちの感性や感覚」を表しています。

「七宝文様」は、昔から現在に至るまで、色あせることなく人々に親しまれてきました。円形が永遠に連鎖しつながるこの柄には、円満、調和、ご縁などの願いも込められています。人とのつながりを大切にし、先人の智慧を現在、そして未来に受け継いでいくという想いがこのロゴで表現されています。

株式会社和えるのブランドロゴ

このロゴのもう1つの特徴は、七宝文様の部分が商品の産地の違いによって動く、モーションロゴになっていることです。あちらに行ったりこちらに行ったり動きまわる子どもの様子を表しているとともに、自分の足を運ぶ現場主義、動くことによって社会やライフスタイル、価値観を変容させる同社の方針も表しています。日本の伝統の文様を取り入れながらも、自由な遊び心を忘れない七宝文様のモーションロゴは、まさに和えるの象徴となっています。

2 伝統を次世代につなぐ仕組みづくり
(1) 伝統産業と赤ちゃん・子ども市場を和えた新たなビジネスの誕生

日本の伝統を次世代につなぐ取り組みとして、2012年3月に立ち上げたのが、"0から6歳の伝統ブランドaeru"事業です。

この事業では、日本の伝統産業の職人さんの技術を活かして、生まれた時から大人になっても使える、次世代に引き継がれるオリジナルの日用品の企画から販売までを手がけています。市場規模が縮小している伝統産業と、少子化で縮小している赤ちゃん・子どもの市場を掛け合わせるという異例の発想によるビジネスモデルで、伝統産業の新たな可能性を引き出しています。

"0から6歳の伝統ブランド"とした理由として、この時期が子どもたちの発達や感性を形づくる上で、とても大切な時期であることがあげられます。

「大切な幼少期に、"ホンモノ"に触れる機会を生み出し、豊かな感性や価値観を育むお手伝いをすることで、結果的に日本の伝統産業を次世代につないでいくことができるのではないか」と、矢島代表は考えています。

また、赤ちゃんや子どもたちに贈られることで、周りにいる大人も日本の伝統産業の魅力に気づくという好循環を生み出しているのがこの事業の特徴です。

(2) 職人さんとともに生み出すホンモノ

矢島代表が考えるホンモノとは、具体的には、"本"当に子どもたちに贈りたい日本の"物"だと言います。それでは、和えるが日本各地の職人さんと一緒に作り上げたホンモノをいくつかご紹介します。

① 日本の"あい"でお出迎え『徳島県から 本藍染の 産着』

職人さんが30回前後染めた「本藍染の産着」は、保温性に優れ、紫外線から赤ちゃんの肌を守るといわれ、赤ちゃんを優しく包みます。藍染といえば、色移りすると敬遠されがちですが、本藍染は色移りしにくいのが特長です。

徳島県から 本藍染の 産着（写真提供：株式会社和える）

② "自分で食べる"を応援する『こぼしにくい器』

人気商品の『こぼしにくい器』は、内側に「返し」をつけることで、まだ手首

を上手に返すことが難しい赤ちゃん・子どもたちでも、食べ物をすくいやすく、こぼしにくい形になっています。

『こぼしにくい器』は、現在、愛媛県の砥部焼、徳島県の大谷焼、青森県の津軽焼、石川県の山中漆器、京都府の京焼、栃木県の益子焼、秋田県の川連漆器の職人さんによって製作されています。産地ごとに異なる表情をもつこの器は、使いやすさを追求したシンプルなデザインで、2013年にグッドデザイン賞を受賞、さらには、子どもに限らず高齢者や障害者にもやさしいユニバーサルデザインとして、2014年にはソーシャルプロダクツ賞を受賞しています。

こぼしにくい器（砥部焼、大谷焼、津軽焼、川連漆器）（写真提供：株式会社和える）

③ 和紙で遊ぶ体験を『愛媛県から 手漉き和紙の ボール』

『愛媛県から 手漉き和紙の ボール』は職人さんが名水百選に選ばれた観音水の湧き水を使い、8回前後、手で漉いて作っています。転がすと、中にある花柄の鈴が音色を響かせます。遊んでいるうちに変化する和紙の手触りや、指で穴を開ける感触を楽しんだり、好きな色を塗ったりと、使う子どもの感性やアイデアでいろいろな遊び方ができるボールです。

また、「長く使い続けてほしい」という想いを込めて商品のお直しも行っています。そのひとつが「金継ぎ」と呼ばれる陶磁器やガラスのお直し方法です。「金継ぎ」とは、割れたり、欠けたり、ヒビの入ってしまった器などを漆や樹脂で接着し、接着部分を金で装飾して仕上げる日本の伝統的な技法です。漆器は塗り直しができます。お直しされた陶磁器は、使い手とともに歳月を重ね、さらにその味わいを増していきます。

第 8 章　日本の伝統を 1000 年先の未来につなぐ～株式会社和える～

愛媛県から 手漉き和紙の ボール
（写真提供：株式会社和える）
　　（写真提供：株式会社和える）

伝統的な技法の金継ぎ
（写真提供：株式会社和える）

　ホンモノを次世代につなぐだけではなく、先人の、物を大切に使い続けるという精神性も含めて次世代に引き継いでいる点が、同社の大きな魅力だといえます。

（3）伝統産業の職人さんの技術を活かして世界にひとつだけのものを

　2016 年 3 月に、新規事業として "aeru oatsurae" がスタートしました。個人や法人のお客さまの依頼にもとづき、和えるとつながりのある職人さんの技術を活かして、世界にひとつだけのものをお誂え（オーダーメイド）する事業です。
　個人向けは、鞄など身に付けるもの、大切な方への贈り物など、希望に応じて、色や形、素材などにこだわった世界にひとつだけの逸品をお誂えします。
　法人向けには、オリジナル商品、会社の記念品、取引先の方への特別な贈り物などさまざまな場面で活用できるものをお誂えします。
　また、企業の自社ブランド商品の開発、製作なども行います。相手先企業にとっては、日本の魅力を打ち出したオリジナル商品で、ブランド力を高めることができるメリットがあります。
　今までになかったものを生み出すことは、職人さんのさらなる技術力向上につながるとともに、まとまった生産量が期待できる法人需要は、伝統産業の市場の需要拡大に貢献できる可能性もあります。

(4)「その地域ならでは」の伝統文化の新しい楽しみ方を提案

　2016年4月には"aeru room"事業がスタートしました。これは、地域の伝統や文化を泊まって体感できるホテルや旅館の一室を、和えるがプロデュースする事業です。

　モノを通じて日本の伝統や文化を伝えるこれまでの事業に対し、"aeru room"では、職人さんの技術を活かした特別な一室を設え、宿泊を通じて、地域の文化や日本の魅力との出逢いを生み出します。その地域の伝統や歴史を知ることができるように、さまざまな切り口で地域の魅力を発信します。

　また、地域の魅力を伝えるために、"aeru room"を案内するホテルの社員の方々の育成にも、和えるが携わっています。

　"aeru room"第1話では、『長崎の伝統や歴史を感じるお部屋』として、出島のカピタン部屋（オランダ商館長が過ごした部屋を再現したもの）で使われている木版・手刷りの唐紙で天井を飾るなど、古くから日本の玄関口として栄えた長崎の文化を、五感で体感できます。

"aeru room"第1話『長崎の伝統や歴史を感じるお部屋』
（写真提供：株式会社和える）

　"aeru room"第2話の『明珍火箸 瞑想の間』は、姫路の代表的な伝統産業品の明珍火箸が奏でる澄んだ音に癒されながら、ゆっくりと過ごせる空間になってい

ます。2018年秋には第3話の奈良、2020年春には第4話の京都が誕生する予定です。

"aeru room"第2話『明珍火箸 瞑想の間』
（写真提供：株式会社和える）

　矢島代表は、"aeru room"事業のめざす方向性について次のように言います。「ホテルが、泊まる場所から地域の魅力を発信する、お部屋自体がコンシェルジュのような役割を担う場所に変わっていくことで、より地域の深みを増すことができるのではないでしょうか。最終的には、『"aeru room"があるなら、何かに出逢えるはず。泊まりに行ってみよう』というように、お客さまをさまざまな地域に誘引できるような事業にできたらうれしいです」
　宿泊体験を通じて地域の魅力を発信し、観光資源のひとつとして地域の活性化につながる"aeru room"事業のこれからの展開が楽しみです。

(5) 10年、100年、1000年先を見据えて

　和えるは、伝統産業の入り口を増やしていくことで、100年、1000年先の遠い未来まで日本の伝統が継承されていくことをめざす点において、他の企業の時間軸とは大きく異なっています。

「遠い未来の姿も見据えて、会社、社員、お客さまみんなが幸せになるような『三方良し』の事業を、適切なタイミングで社会に送り出していくことが和えるの役割」だと矢島代表は話しています。

　会社設立から5年間は、自国の文化や伝統産業の魅力に気づいてもらうために、おもに国内に向けて伝統産業の魅力を発信してきたそうです。その結果、同社の成長を一緒に支えてくださるお客さまは日本全国に増え、これまでの取り組みが着実に浸透し始めているようです。

　今後は、設立から20年までに、約12の事業を展開していくそうです。伝統産業と赤ちゃん・子どもの市場を和えたように、伝統産業を軸として、教育、科学などのさまざまな異業種の産業を和えることで、今までにない新たなビジネスモデルを生み出すことを計画しています。その中には、世界に日本の文化の魅力を発信する、インバウンド需要を意識した新事業も含まれています。

　同社は、文化と経済両輪での成長をめざしています。近年、国内外から日本独自の文化に対して注目が集まっています。"日本文化"こそ日本の強みのひとつであり、日本文化を基軸とした同社のビジネスモデルは、今後の日本の経済成長を考える上でも重要な視点だといえるのではないでしょうか。

3 「和える」の成長を支える取り組み

(1)「和えるファミリー」との強いつながり

　同社では、使う言葉にもこだわりを持って、全員で概念を共有しています。

　そのひとつが、「和えるファミリー」という言葉に表される職人さんたちに対する概念です。和えるでは、仕事を一緒にするパートナーを「和えるファミリー」と呼び、その関係性をとても大切にしています。和えるの理念を理解し、一緒に頑張ろうとしてくれる家族、仲間なのです。

　矢島代表が、学生時代に旅行誌の執筆などで全国各地を巡って交流を深めてきた職人さんたちとのつながりは、今では職人さんの数で300人を超えるといいます。さまざまな事業で、最適な産地や伝統技術を活かすことができるのも、この「和えるファミリー」との広く深いつながりがあるからです。この連携と信頼

第8章　日本の伝統を1000年先の未来につなぐ〜株式会社和える〜

関係が、同社の盤石な経営基盤となっていることは間違いありません。

（2）各地の職人さんとお客さまをつなぐ「伝える職人」

　同社の社員は「伝える職人」をめざしています。商品を売ることではなく、伝えることを主体とした接客を行っている点が特徴的です。「伝える接客」では、商品を通して伝えたい想い、使われている伝統産業の技術、素材など、モノが持つ背景やストーリーを丁寧に説明し、その価値を正しくお客さまに伝えることが一番の目的です。

　「和えるはモノづくりに対して妥協することがありません。こだわってつくったモノを適正な価格で販売するためには、価値を正しく伝える必要があるのです。そうすることで、お客さまからもいろいろな質問をいただき、より商品、日本の伝統に興味をもっていただける」と言います。

　妥協しないモノづくりと、「伝える職人」としての地道な取り組みで和えるファンが増えることにより、"aeru"ブランドの確立につながっています。

　また、お客さまの声を職人さんに伝えることも「伝える職人」の大きな役割といえます。SNSを通じて、よりリアルに伝える仕組みを企画するなど、職人さんとお客さまをつなぐ活動も行っています。

　こうした「伝える職人」としてのさまざまな取り組みは、徐々に伝統産業市場に良い影響を及ぼしてきています。「これから日本を担っていく子どもたちに使ってもらえるのがうれしい」など、職人さんのモチベーション向上につながり、新たな商品の開発、製作などを通じて、職人さんたちの技術力の向上にもつながっています。

　さらには、雇用創出にもつながったという声も聞かれるようになり、同社の取り組みが、確実に伝統産業市場のさまざまな側面で好循環を生み出し始めています。伝統産業市場に好循環を生み出す「伝える職人」として、同社は大きな役割を担っているのです。

（3）お客さまとの触れ合いを大切にした多彩なイベント

　多彩なイベントの企画、運営も、日本の文化や伝統を伝える入り口を増やす活

151

動のひとつです。

東京直営店「aeru meguro」、京都直営店「aeru gojo」では、同じ月に誕生日を迎える1歳から6歳の赤ちゃん、子どもたちの誕生日会を毎月開催しています。継続することで、社員も一緒になって子どもたちの1年間の成長を喜ぶことができます。また、aeruの『はじめてシリーズ』とよばれる、有田焼のお茶碗や越前漆器の汁椀などを用いて、日本の食事の所作を学ぶイベントも毎月開催しています。

それぞれの直営店では、「日本の智慧をつなぐ」シリーズとして、ワークショップなども開催しています。このようなイベントは、お客さま自身に伝統を体験していただき、伝統を身近に感じてもらえる効果があるとともに、社員がお客さまと触れ合える機会となり、お客さまとの関係をより深めることができる取り組みとなっています。

子どもから大人まで楽しめる、伝統の素材を使ったポストカードづくり
（写真提供：株式会社和える）

（4）社員の得意が会社を成長させる

同社では、社員全員が会社の成長に深く関わっています。「自分がどんなことをすると会社（和えるくん）が健やかに育つのか」を考え、社員一人ひとりが自発的に行動していると言います。社員のそんな行動を可能にしている同社の特徴的な取り組みとして、「社員の得意を活かす」ことがあげられます。

同社は、社員一人ひとりが会社の全事業を把握し、複数の職務を兼務していま

す。そして、個人の特性や強みを最大限活かせる分野を軸として担当の振り分けがされています。自分より得意な人がいたらその仕事を任せ、一方で自分が得意な仕事は率先してやる、といった具合に、社員全員がお互いの能力・適正・スキルを認め合い、相互補完する関係が成り立っています。これにより、社員全員が自分の能力を最大限発揮し、結果として会社の成長に貢献しているのです。

(5) アットホームで開放的な組織文化

　和えるの組織は、社員同士が互いを認め合い、助け合う家族的な面と、新しい仲間やアイデアを柔軟に受け入れる開放的な面を併せ持っています。それは、設立当初から今日に至るまで、矢島代表が経営者として重要視してきた「自分に素直に生きる」、「三方良し」という組織の在り方を、社員たちが自ら感じ取って築いてきた組織文化だといいます。

　そのような組織では、どのようなアイデアであっても、どのような自分であっても、仲間から受け入れてもらえるという絶対的な安心感があると言います。その上で、困っている仲間がいれば当然のように助け、どうすればいいかをみんなで考える、という“和えるのスタイル”が確立されています。

　組織文化は、社員の行動様式の長年の積み重ねにより形成される企業固有の文化で、競争力の源泉にもなります。アットホームで開放的な組織文化が、社員の個性を活かすとともに多様性を生み出し、同社の企業力を高める新たな発想や事業につながっているのです。

4　人生を楽しくする働き方
(1) 働くことは人生そのもの～「働く(ワーク)」は「生きる(ライフ)」の中にある～

　日本では少し前まで長時間労働を美徳としてきた価値観がありましたが、このような働き方を見直す動きとして、2000年代に入った頃から「ワーク・ライフ・バランス」という考え方が広く浸透するようになりました。

　「ワーク・ライフ・バランス」とは、仕事と生活を対立的にとらえて、その量的バランスの調整を図るという試みで、企業の人事マネジメントにおいても、そ

の実現に向けた支援が不可欠な取り組みとなっています。

　一方、「和えるでは生きる（ライフ）と働く（ワーク）のバランスを考えることはしていない」と言います。なぜなら、生きる（ライフ）と働く（ワーク）は天秤にかけるものではなく、生きる（ライフ）のさまざまな要素の中に働く（ワーク）があると考えているからです。

　たとえば、出張という活動にも、仕事と旅の両方の要素があり、出張先でさまざまなものを見て体感することで美的センスが磨かれ、個人の成長にもつながる、というように、生きる（ワーク）と働く（ライフ）が互いに充実する関係が成り立つといいます。

　このような考え方は、最近、次世代の働き方として日本でも注目され始めている「ワーク・ライフ・インテグレーション」という考え方に似ています。「ワーク・ライフ・インテグレーション」とは、自らの人生観を中心として、職業生活と個人生活を柔軟に統合させ、双方の充実を求めるというものです。そして、それによって、生活の質を高め、充実感と幸福感を得るなどの相乗効果をめざす働き方をいいます。

　このような考え方においては、「自分は何がしたいのか」、「何に生きがいや喜びを感じるのか」という人生観を大切にして仕事を選ぶことが大切になります。このような考え方を当然のことのように取り入れて実現している同社の働き方について、さらに見ていきます。

（2）働き方もクリエイティブに

　同社では、一人ひとりの事情に応じて雇用形態を変えています。家族の事情や本人の希望などを尊重し、雇用形態や勤務地（京都、東京）も柔軟に選べるようになっています。

　「店長だからフルタイムで働かないといけない」というような、役職に応じた働き方の規定もありません。時にはスタッフが子どもを連れて出勤することもあります。大事なのは、「社員が幸せと思える働き方をその時々で実現しながら、会社としてパフォーマンスを上げることができること」です。

　「いろいろな個人的背景や価値観などがある多様な社会において、働き方をひ

とつに統一すること自体、もはや無理が生じていると思うのです。むしろ、社員の状況に会社が合わせていく方が自然ではないでしょうか。今の若い人たちの働き方の声に耳を傾け、常に働き方もクリエイティブに生み出していくという感覚ですね」と矢島代表は言います。

　固定観念にとらわれない「和える」流の自由でクリエイティブな発想が、今後の日本に求められている、多様な働き方を生み出すヒントになるのではないでしょうか。

（3）生き方を変えた「和える」との出逢い

　東京直営店「aeru meguro」のホストマザー（店長）の森さんが、和えると出逢ったのは約4年前。森さんは就職活動をしていた頃を次のように振り返ります。

　「就職活動のときから、『これからどうやって生きていこうかな』『どんな仕事をしていけばいいのかな』ととても悩んでいて、結局、定まらないまま社会人になってしまいました。私が悩んでいることを知っていた親友が和えるの存在を教えてくれて、矢島の考えと自身の考えが一致していたこと、また、商品に一目ぼれをして入社することを決めました。

東京直営店「aeru meguro」ホストマザー（店長）の森恵理佳さん
写真提供：株式会社和える

「新しい暮らしを提案する仕事や、働くことと暮らしをひもづけた新しい働き方にも共感しました。私には、こういう仕事や暮らし方が合っているのかもしれない、と思ったのです」

そして、森さんは和えるで働くようになって、これまで悩んでいた自分に変化が現れたと言います。

「入社前は、自分に対する周りの期待を勝手に感じてしまって、その期待に頑張って応えようとしていました。でも、和えるに入り、そういった期待に応える必要はないと気づいたのです。自分の心に素直になって生きてみると、少し落ち着いて自分らしさを表現できるようになりました。自分らしさを知って、自分に向き合うことで、楽しく働くことができますし、楽しく生きられると思うのです」

そう笑顔で語る森さんからは、和えるで働くことが本当に楽しくてたまらない、という感じが伝わってきました。

私たちはさまざまなことを、難しく考えすぎて悩みを大きくしているのかもしれません。森さんのお話しを聞いて「もっとシンプルに、素直になることで本当に大切なことが見えてくるのではないか」と感じました。

（4）「和える」で働くことの楽しさ

和えるの社員は、全員が笑顔にあふれ、幸せなオーラが店内にも漂っていました。そこで、同社で働くことの楽しみについて森さんに伺いました。

森さんの場合、自分の得意分野を活かした接客を通じて、お客さまに喜んでもらえたと実感したときが一番やりがいを感じると言います。「社員の得意を活かした働き方」は、会社の成長だけでなく、社員の働くことへのやりがいや楽しさにつながっているようです。

同社では入社時から、各地の職人さんを実際に訪ね、伝統産業を五感で学ぶ機会を大切にしています。

このような生きた学習機会・現場主義によって、「伝える職人」としての経験や知識を積むことができ、それを仕事に活かすことができる仕組みがあります。

入社してからずっと、毎日新鮮な発見や学びにより自己の成長を感じているという森さん。「学べる機会がとても多いところもこの会社の魅力ですね」と語っ

てくれました。接客だけでなく、イベントの運営や採用活動、各地への出張など多用な日々を送りながらも、楽しくやりがいのある働き方ができているようです。

　総じて社員一人ひとりのモチベーションが高く、まさに「働くことでますます人生が楽しくなる」という前述の概念を実践しているのがわかります。

　同社では、自分の得意分野を伸ばす働き方で、新しいことにもどんどんチャレンジしてみようという意欲が生まれ、仕事も人生も充実し、自分も会社も成長する、そして、結果として、伝統産業や地域活性化などの社会貢献にもつながる、といった好循環を生み出しているのです。

　柔軟な働き方やアットホームな職場から得られる「働きやすさ」と、このような「働きがい」の両方を実現できることが、和えるで働くことの楽しさにつながっているのではないでしょうか。

5 「和える」が求めているひと

（1） 常に若い感性を取り入れる

　同社社員の平均年齢は約 28 歳。日本の一般企業の平均年齢の 40 代と比べ、若い社員が多く働いています。「若い感性をもった人たちに来ていただきたい」と、矢島代表は言います。

　同社は、職人さんたちが受け継ぐ先人の智慧に、自分たちが持つ「現代の感性」を和えることで、新しい価値を創造しています。「現代の感性」とは、まさにフレッシュな今の感性で、これは、経験や知識とは違う次元の、その年代の人にしか持ちえないものなのです。

　「現代の感性」が重要な部分で、価値を生み出す源泉でもあり、「その時代を見出す若い感性を大事にしていくことが、本当の意味で伝統と現代を和えることにつながると思う」と矢島代表は語っています。

（2） 素直なひとほど成長する

　同社では、随時社員を募集しています。それぞれの事業を有機的に結びつけ、スムーズにそれぞれの動きを把握し、毎日発生する新たな仕事に臨機応変に対応

でき、すぐに行動に移せる、そんな人材を必要としています。

　具体的に、「何を重視して採用するのか」を尋ねたところ、意外にも「素直さ」というシンプルな答えでした。理由は、素直であればあるほど成長幅が大きいからだということです。素直であることは、自分を飾らず自然体でいられること、わからないことはわからないと人に聞けること、教えてもらったら素直に聞き入れ、次に活かすことができる能力があることだからです。

　そういう資質をもった人たちが、同社の成長を支えている社員であり、これからも一緒に働きたいと思える仲間たちだと考えているようです。

（3）ユニークな応募エントリーフォーム

　同社では、採用時に「応募者が、和えるに求められている資質をもっているかどうか」を的確に見極めるために、早い段階から採用の窓口を作り込むことに力を入れてきました。そうして試行錯誤を繰り返してつくられた応募エントリーフォームは、随所に工夫が凝らされています。

　採用ページにおいても、同社の理念や事業展開などを丁寧に説明することで、その内容に共感を持った人たちが応募できる仕組みになっています。そして、具体的な応募エントリーフォームでは、お店にいらっしゃったお客さまに、どのような挨拶や提案をするかを会話形式で書き、その提案に至った背景を説明します。

　また、自分の仕事として「和える」のことをどのように伝えるか、「伝える職人」としての資質を見る内容もあります。そのほか、自分らしさが伝わる写真や一番自分の素敵なポイントを知っている知人の紹介文なども求められます。

　和えるならではの、とてもユニークな応募エントリー形式ですが、この応募エントリー内容を見るだけで、論理的思考力や提案力といった能力だけでなく、素直さや優れた感性を持ちあわせているか、といった情緒的な部分も把握できるようです。応募エントリー内容を見て「一緒に働きたい」と思った人は、面接で実際に会っても、その印象が大きく変わるということはないそうです。

　採用活動における面接も、社員が主体となって行っており、同社の特徴的な採用活動のやり方です。その理由は、実際に毎日一緒に働く社員が、ともに働きたいと思うことが大切だからだと言います。

採用はどの企業においても、企業の将来を左右するとても重要な活動です。その活動にはどうしてもコストが発生します。採用する側と採用される側のミスマッチを防ぐことで、コストを抑えながら、求める人材を的確に見極める同社の仕組みは、エントリーする側にとってもよい仕組みです。

(4)「和える」の事例を踏まえた企業・仕事選びのポイント

これまで、さまざまな仕組みが好循環を生み、成長し続ける和えるの事例を紹介してきました。これから就職や転職などを通じて、自分の働き方を考えている人は、以下の視点で仕事選びをしてみるといいでしょう。

① 企業の理念や仕事内容に共感できるかどうか

働くことで人生が豊かになるという考えに共感した方は、「何を軸として生きていきたいのか」、「何に喜びを感じるのか」と自分に素直に問いかけみることから始めるとよいでしょう。

その上で、企業の理念やビジョンに共感できるかどうか、仕事内容そのものに興味を持つことができるかを仕事選びのポイントとしましょう。

② サプライヤーとの関係が良好であるか

「三方良し」の事業を行っている企業は、優良企業だといえます。

なぜなら、そのような企業は、会社、社員、お客さま、地域社会への好循環を生み出す仕組みを持っているからです。そのなかで、一番見えにくい部分で、企業の体質が現れやすいのがサプライヤーや外注業者との関係です。

和えるでは、「和えるファミリー」と呼ばれる職人さんたちとの強い連携と信頼関係が経営基盤となっていました。

サプライヤーや外注業者とも良好な関係が築けている企業は、総じて、社員、お客さま、地域社会との関係も大切にしている企業と考えられます。したがって、「サプライヤーと共有しているものが何か」、「サプライヤーとどのような関係性を築いているか」といったことを採用担当者に確認してみるとよいでしょう。

③　働きやすい環境かどうか

　ライフスタイルはその時々で変わるものです。

　社員一人ひとりの環境や事情に応じて雇用形態を柔軟に変えている企業かどうか、どのような働き方の選択肢があるのか、人事制度を確認してみるとよいでしょう。

　また、実際にそれらの制度がどの程度活用されているのか、採用担当者に確認してみるとよいでしょう。さらに、どの程度多様な（性別、国籍、既婚・未婚、子どもの有無、年齢、勤続年数など）社員が働いているかを知ることも、柔軟な働き方を許容できる企業かどうかを知る手がかりになります。

④　働きがいを高める仕組みがあるか

　働きやすさだけでなく、働きがいがあるかどうかは仕事選びの重要なポイントです。「ただお金を稼ぐために働く」という状態に陥るのを避けるため、社員の働きがいを高める仕組みがある企業を選ぶとよいでしょう。

　社員のアイデアや提案を取り入れる仕組みがあるか、より実践的な学習の機会があるか、社員の得意分野や特性を活かした配置転換の仕組みがあるか、責任ある仕事を任せる権限移譲が進んでいるか、などの視点で採用担当者に確認してみましょう。

第9章
静岡 No1 の小さな一流企業
～株式会社なすび～

　静岡市内中心に和食を中心としたレストランを展開する株式会社なすびは、地方で活躍する魅力的な中小企業の1つです。

　同社は、「すべては人の喜びのために」を経営理念に掲げ、静岡 No.1 の小さな一流企業をめざしています。お客さまだけでなく従業員と地域社会を大切にする取り組みが評価され、経済産業省主催の平成 26 年度「おもてなし経営企業選～地域で光り輝くニッポンのおもてなし企業の秘訣～」に選出されています。

【株式会社なすびの魅力のポイント】

- 「おもてなし経営企業選」にも選出された優れたサービス力
- 静岡県内における高いブランド力と地域のお客さまの高いリピート率
- サービスの質や従業員のモチベーションを第一に考えた着実な経営
- お客さまへの最高のおもてなしを実現する従業員の高いやりがい
- 働きやすい環境が実現する離職率の低さ

1 企業の概要・特徴

(1) 企業概要（2018 年 7 月現在）

会 社 名：	株式会社　なすび
代 表 者：	代表取締役社長　藤田　圭亮
所 在 地：	静岡市清水区谷田 8-2
創　　業：	1975 年（昭和 50 年）8 月 23 日
資 本 金：	1,500 万円
従業員数：	398 名（うち正社員 90 名）
事業内容：	和食を中心としたレストランの企画、経営、ケータリング事業
Ｔ Ｅ Ｌ：	054-347-7888
Ｆ Ａ Ｘ：	054-347-7889
Ｕ Ｒ Ｌ：	http://www.nasubi-ltd.co.jp

(2) 企業沿革〜店を継ぐことを決めた兄弟の決心〜

　1975 年、藤田安彦氏と赤堀正身氏が、清水木材ビルの地下で 17 坪 25 席の小さな店を開店したところから「なすび」の歴史が始まります。1984 年に「なすび亭」、5 年後「なすび総本店」、それから 5 年後の 1994 年に「なすび静岡駅南店」をオープンさせ、事業を拡大してきました。

　現社長・藤田圭亮、専務・藤田尚徳兄弟は、共に大学卒業後大手企業に勤務していました。創業から 23 年経った頃、先代である父が心臓の病気を患ったことをきっかけに、兄の圭亮氏、続いて弟の尚徳氏が会社に入社しました。

　兄弟は、父から「絶対に商売は継ぐな」、「こんな割の悪い商売はない」と言われて育ってきました。意を決し「店を継ぎたい」と話したときも、「やめなさい！今の会社にいる方が人間らしい暮らしができる」と猛反対されたそうです。

　当時、店舗数は 3 店舗で赤字経営。売上以上の借金を抱える債務超過の状態でした。兄弟以外の従業員は社員 12 名、パート・アルバイトが 13 名の計 25 名。従業員は 50 代で、メニューの開発、採用・教育などの担当もいなかったのです。

　しかし、圭亮社長は「自分の代わりがいる大組織に埋没するよりも、父の店の

基盤を生かし、チャレンジする人生の方がおもしろいのではないか」、尚徳専務は「たいへんかどうかを決めるのは親ではなく本人ではないか？これから兄と一緒に店を大きくしていきたい」という想いから、店を継ぐことを決心しました。

現社長の入社から 19 年経った今では、現在では無借金・黒字経営、従業員を大切にする企業に成長しています。

なすび総本店

(3) なすびグループの事業

おもに、和食を中心としたレストラン事業を行っています。静岡県内に 16 店舗、それぞれ、デート・上司・接待・観光など、利用目的によってコンセプトが異なっています。お客さまが「ここもなすびグループなんだ！」と思い、さまざまな場面で利用できるよう工夫しています。

また、飲食店事業に加え、2014 年にはハワイの老舗和菓子メーカーFUJIYA HONPO,INC.DBA FUJIYA の株式 40％を取得し、海外への事業展開も行っています。ハワイ発の和スイーツを開発し、和の食文化をアメリカ国内においてブランド展開していくことを目的として、FUJIYA の経営に参画しています。

2 お客さまの感動を生む「なすび」のおもてなし

なすびの展開する飲食店は、静岡の地元の人々にとって愛され、なくてはならない場所となっています。

図表9-1 それぞれコンセプトの異なる店舗

（出典）：同社ホームページ

第9章　静岡 No1 の小さな一流企業〜株式会社なすび〜

　そしてなすびのファンとなり、何度もリピートするお客さまの中には、静岡県外の遠くから来る方もたくさんいます。同社がお客さまに愛されているのは、お客さまにどうしたら喜んでいただけるかを常に考え、お客さまの感動を生むおもてなしを提供しているからです。

（1）お客さまに対する姿勢

　同社では、お客さまや地域社会に対する姿勢を図表 9-2 のように定めています。

図表 9-2　株式会社なすびのミッション、ビジョン、バリュー

✓　ミッション

　「人に喜んでもらうこと」これこそが「なすび人」の使命である。相手が今、何を欲しているか、いち早く察知せよ。　そしてアクションは素早く。遅ければ遅いほど価値が薄れる。

✓　ビジョン

　私たちは、「静岡の食文化の創造と発信」を柱に、時代の流れを見極めながら、未来永劫、発展できる「感動創造企業」をめざす。

✓　バリュー

　この街に必要とされ続け、この街になくてはならない資産となるために、足元を見つめ、　お客様の期待以上の価値のある「おもてなし」「お料理」「空気感」を提供する。

（出典）：同社ホームページ

　この経営理念が示しているとおり、お客さまに期待以上の価値を提供し、喜んでもらうことが同社の目的です。すべての活動はこれに基づき行われています。

　また、すべての従業員は「NASUBI フィロソフィ」を拠り所に行動しています。これが従業員一人ひとりに浸透することによって、すべての従業員が"お客さまの喜び"という、1 つの方向に向かってサービスを提供することができるようになります。

図表 9-3　NASUBI フィロソフィ

- ✓ 働く目的
  - ➢ お客様に感動と明日への活力を見出していただき、お客様の笑顔を作るため
- ✓ SAFETY（安全）
  - ➢ 安全が最優先である
  - ➢ お客様の命を預かっている
- ✓ HEART（こころ）
  - ➢ お給料はお客様から頂いている
  - ➢ 「人のために」というこころ
  - ➢ こころを基準に考え行動する
- ✓ SHOW（演出）
  - ➢ 舞台の上のエンターティナーである
  - ➢ お客様目線の立ち振る舞い
  - ➢ 五感に訴える演出
  - ➢ 主人公はあなたである
- ✓ TIME（時間）
  - ➢ 私たちの商品はなすびで食事をしながら過ごしていただく時間である
  - ➢ 心配り×効率＝1way3job
  - ➢ 働く＝「他」楽＝チームワーク安全が最優先である

出典：同社ホームページ

（2）お客さまからのご指摘をサービス改善につなげる

　最高のおもてなしを日々心がけているなすびでも、ホームページやアンケートを通じて、お客さまからご指摘をいただくことがあります。ご指摘をいただいた場合には、事実確認と原因分析を行い、解決策を検討し、必ず24時間以内にお客さまへのお詫びと対応をします。ご指摘に対する迅速で真摯な対応は、お客さまとの関係性の維持・強化につながっています。

　同社ではお客さまへの迅速な対応だけでなく、2度と同じような指摘を受けな

いように、サービスの改善につなげる取り組みを行っています。

お客さまから指摘を受けると、その内容と対応過程の情報が全店に共有されます。それらの情報をもとに、経営幹部や各店の店長が、会社として2度と同じことを起こさないようにするためにはどうすればよいかを話し合い、サービスの改善につなげているのです。

(3) いつでも100点満点のサービスをめざす

同社では、サービス改善に向けてお客さまからの評価を把握する仕組みがあります。お客さまが覆面調査員となって、同社のサービスを評価する"ミステリーショッピングリサーチ"という仕組みです。

当該店舗では、お客さまからの評価結果を店舗の全スタッフで共有し、どうすれば解決できるかを前向きに話し合います。話し合って決めた問題解決の手段を、今度は経営幹部を含む店長会議のなかで共有し、そこでいろいろなアドバイスをもらいます。そして、その結果を店舗に持ち帰り、実際にお店で実施するのです。

しかし、この仕組みが本来の目的からずれてしまったと尚徳専務は言います。

「ミステリーショッピングリサーチに対して、いつでも満点を取れるようにしていくのが目的なのに、リサーチが来た時だけ点数を取りに行くということをやってしまっていました。今では、お客様に料理やサービスがどうだったかを聞いて、日々改善していくことで、常に満点を目指そうという姿勢に変わっています」

お客さまの声に基づき、日々改善し、その結果をミステリーショッピングリサーチで確認する、お客さまに対してよりよいサービスを提供しようとする姿勢・活動は日々進化しています。

同社のおもてなしについて語る尚徳専務

（4）お客さまと生涯付き合える関係を作る

　なすびではお客さまとの関係づくりを重視しています。リピートのお客さまには、幹部や店長が挨拶に出向き、手書きのメッセージやお土産を渡すこともあり、お客さまとの関係性を高める工夫をしています。

　お客さまとの関係性を築く上でとても重要な役割を担っているのが、慶事プランナーによるお祝いの席の演出サービスです。

　子どもの時は、お食い初めや一升餅、大人になれば、結婚記念日や長寿のお祝いなど、人生の節目で慶事があります。お客さまにとっては、そのような慶事は人生で何度も経験するわけではなく、何をやったらよいか、どのように進めたらよいかがわからないということもよくあります。

　そのような時に、慶事プランナーが慶事の進行をすべて請け負ってお客さまのフォローを行います。また、記念品や記念写真もプレゼントしています。

　一緒になってお祝いごとに関わっていくと、同社とお客様との距離はぐっと近くなります。子どものお祝いを同社店舗で実施したお客さまのなかには、子どもの成長を見せるために毎年来てくれるお客さまや、小学校入学などの人生の節目に来てくれるお客さまもいます。同社では、お客さまの写真をアルバムに記録しており、お客さまが同社を継続して利用することで、お客さまの人生がそのアルバムに記録されていきます。

　まさにお客さまとなすびとの関係性が、生涯を通して構築されていくのです。

3　お客さまへのおもてなしを支える従業員のやりがい

　同社は従業員のやりがいや働きやすさを高めることに力を入れています。お客さまを幸せにするためには、まず従業員が幸せでなくてはならないのです。

　従業員が生き生きと働けるようになることで、お客さまへのおもてなしの質が向上し、お客さまが満足します。お客さまの喜ぶ顔を見て、さらに従業員のやりがいが向上する、そうしたポジティブなスパイラルを回すために、さまざまな取り組みが行われています。

（1）「NASUBI フィロソフィ」の浸透に向けた取り組み

　理念は掲げるだけでは意味がありません。同社では、従業員の行動の拠り所となる行動理念である「NASUBI フィロソフィ」をすべての従業員へ浸透させるための取り組みがあります。

　すべての従業員は「NASUBI フィロソフィ」、「NASUBI ミッション」、「なすびの約束 12 か条」が書かれたクレドを常に持ち歩いています。

　「なすびの約束 12 か条」は、フィロソフィをもとにして考えられたマニュアルです。働く目的である「お客様の笑顔を作るため」を実現できるよう、具体的な行動レベルに落とし込まれています。

　尚徳専務は、「NASUBI フィロソフィ」の浸透に関して次のように話します。

　「フィロソフィは哲学なので、クレドを配って見てもらうだけではなかなか伝わりません。自分の言葉で喋ってもらうのが大事です」

　同社では、従業員一人ひとりにフィロソフィについて考えてもらい、その考えを人前で喋ってもらうために、各店舗で 1 週間に 1 度、フィロソフィミーティングを開催しています。店舗の従業員が集まり、一人ひとりが「なすびの約束 12 か条」の項目に関して、意見を話すというものです。

　そのミーティングの様子は、社内のみで共有できる SNS ページにアップロードされ、どの店舗が一番よいミーティングをしていたかを全従業員が評価します。月ごとに一番良かった店舗が表彰され、トロフィーがもらえるという仕組みになっています。

　このように、従業員が楽しみながら経営理念を理解し、実践につなげられる取り組みが実施されています。

　清水地区統括店長兼なすび総本店店長の坂東亮介氏は、理念の浸透による成果について、「従業員教育を担当していますが、以前はなかなかうまく行きませんでした。従業員がお客さまに対する考え方を理解していないと行動がぶれてしまうのです。NASUBI フィロソフィが浸透することで、お客さまに喜んでいただくという共通の目的に向かって行動できるようになりました」と言います。

　坂東氏によると、この 3〜4 年で経営理念が浸透し、目に見えて従業員の行動が変わってきているそうです。

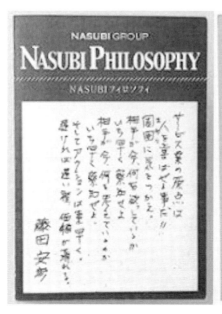

「NASUBIフィロソフィ」が記載されたクレド

(2) 従業員のマインドと能力を高める人材育成の仕組み

　同社では、さまざまな従業員研修を行っています。海外・国内視察研修、ワイン・日本酒研修、おもてなしセミナー、英会話レッスンなどがあります。

　海外視察研修では、中堅社員は台湾、店長はハワイ、統括店長・部長はプーケットなどさまざまな場所に視察に行きます。従業員がグローバルな視点に立ち、サービスや料理のことを考えられるような環境作りをすることが目的です。

　しかし、視察研修の目的はそれだけではありません。従業員同士が視察旅行のなかでコミュニケーションを深め、フィロソフィの共有や絆づくりをすることも目的の1つです。視察旅行のなかでは、参加者一人ひとりに写真係、地図係、施設の説明係などの役割が与えられます。これは、皆で作る旅行にすることで、従業員自らがやりがいや参加する楽しさを感じるための工夫です。

　「最近では、台湾視察に行ってきました。"男女7人台湾物語"と銘打ち、フ

ィロソフィを語り、楽しい時間を共有することで社員同士の絆がより深まりました」と尚徳専務は語っています。

海外視察研修の様子

　同社には従業員のスキルを高めるための「なすびアカデミー」があります。料理長が先生となり、料理技術を学びたい人達が自主的に学べる場です。業務時間外の活動ですが、料理スタッフだけでなく、ホールスタッフなど誰でも参加できることから、有志で参加する人はたくさんいます。家で料理するために鯵を開く技術を覚えたい、といった従業員の要望を叶えることにもつながっています。

　もともと、調理場では徒弟制度のもと、上からいわれたことしかできず、たとえば、魚をさばけるまでは、下積みをしないといけないという慣習がありました。

　しかし、この「なすびアカデミー」では、若手のスタッフでも、望んだ時に技術を身に付けることができます。

　この活動は業務時間外の活動に行われますが、その理由を尚徳専務は次のように語ります。

　「若手のスタッフには、仕事では上からいわれたことをしっかりこなしてもらいたいと思っています。仕事のなかで技術の指導をしていると、お客さまへの提供が遅れるといったことも発生してしまいます。そこで、仕事が終わったときに時間をとって技術を身に付けられるような仕組みを作りました」

「なすびアカデミー」に対する社員からの評判は高く、今後は試験制度など仕組みの拡充も考えています。さらに料理だけでなく、ホールや事務でもそのような学ぶ仕組みを取り入れようという計画もあります。

（3）従業員のやりがいを高める取り組み
　同社には、従業員のやりがいを高めるさまざまな取り組みがあります。

① よいサービスには Good Job カード
　「Good Job カード」は、他の従業員がお客さまに対して素晴らしいサービスをした時や、チームメンバーに対して良いサポートをした時など、その従業員に「Good Job！」と言ってハイタッチしてカードを渡す仕組みです。
　「Good Job カード」は従業員同士で褒めあうことで、やる気を高めることにつながりますが、効果はそれだけではありません。カードには、その行動がフィロソフィの4つの考え（SAFETY、HEART、SHOW、TIME）のどれに当てはまるのかを書いて渡すことになっています。このことによって、カードを渡す方ももらう方もフィロソフィを意識し、フィロソフィの浸透にもつながります。

Good Job カード

② 人をほめると表彰される制度

　この「Good Job カード」の数で従業員を表彰する仕組みもあります。特徴的なのはカードをもらった数ではなく、渡した数で表彰されるところです。他の人を褒める従業員ほど、良い従業員であるという同社の考え方に基づいています。

　「Good Job カード」の数によって、従業員はバッジをもらえます。「一富士二鷹三茄子」にちなんで、カードの数が多いほど、もらえるバッジは「なすび」⇒「鷹」⇒「富士」となっていきます。尚徳専務によれば、この「Good Job」カードのおかげで、職場はとても明るい雰囲気となっているそうです。

③ 経営に反映される提案制度

　社員からの提案を経営に取り入れる取り組みも、社員のやりがいの向上につながります。たとえば、各店舗に置かれた目安箱をつうじて従業員の改善提案や意見が収集され、それに基づき経営幹部や店長が会社の改善を検討しています。

④ すごい会議で現場の意見も活かされる

　「すごい会議」とは、大橋禅太郎氏が提唱した会社の解決策を効果的・効率的に検討し、アクションに展開するための会議のやり方です。

　「すごい会議」では、会社を良くしていくためにどうすればよいかを経営幹部、店長などの参加者が皆でいろいろ意見を出し合います。良い提案は直ちに取り組み、上手く行かなかったらその原因を見つけて次のプランにつなげていきます。

　この「すごい会議」によって、現場に近い店長の意見も会社の経営に取り入れられ、提案した店長だけでなく、他の店長を含めた参加者全体のやりがいの向上につながっています。

　「経営幹部が『これについてどう思う』と現場の社員に聞いて、声を吸い上げることが大事です。経営幹部が解決手段まで言ってしまうと、社員は作業員になってしまいます。すごい会議では、私達から店長達に対して『どうすればよいか』を問いかけますが、店長達は私達の想定以上の良い提案をしてくれます」とのことです。

⑤　良い結果を報告する神社へのお参り

　店長のやりがい向上という点では、創業時から続く清水の神社へのお参りがあります。幹部社員と店長が毎月1日に神社へ行き、なすびグループの今後の発展を祈願します。神社では、鐘をついて社員がひとこと喋ります。これができるのは、前月に目標を達成したり、嬉しい話題を提供したりした社員だけです。

　「このような取り組みをして、このような結果を出すことができた」という話をして、祈願の音頭を取ることができます。たかが月に1回数分のことだと思われるかもしれませんが、社員達は神社にいけるかどうかで奮起するそうです。このお参りは、創業以来40年間・480回以上欠かしたことはありません。

（4）　従業員の働きやすさを高める取り組み

　一般的に飲食業は労働時間が長く、従業員への負荷が大きい産業であるといわれています。飲食業の離職率は30%と、全産業の15%と比べて高くなっていることも、飲食業における労働環境の厳しさを表す結果となっています。そのようななかで、同社は従業員を第一に考え、働きやすさの改善に努めています。

　たとえば、大晦日から正月三が日まで全店舗を休業にしています。飲食業にとって稼ぎ時でもあるにも関わらず休みとしているのは、従業員が家族揃って過ごせるようにすることで、心が充実するようにとの考え方に基づいています。

　また、従業員の働き方に合わせてさまざまな雇用形態を用意しています。近年の若い人はプライベートを重視する傾向にあるため、そのような考え方に合わせて、最近入社した新人は完全週休2日制にしています。

　経営幹部は従業員一人ひとりに目を向けて、ベストなコンディションで仕事ができているかどうかをしっかり見ています。たとえば、給料袋は社長や専務が従業員に直接手渡しすることになっています。そのときに声をかけることで、従業員がどのような状態にあるかを確認しています。もし何か問題を感じれば、その従業員に対してフォローを行っています。

　これらの働きやすさを向上する取り組みによって、同社の離職率は2016年現在で8.2%と、飲食業界では低い数値を実現できています。

第 9 章　静岡 No1 の小さな一流企業〜株式会社なすび〜

(5) 社員が実際に感じている働きがい

　従業員のやりがいや働きやすさを高めるための取り組みを紹介してきましたが、社員は実際にどのような働きがいを感じているのでしょうか？

　「草薙　茄兵衛」の店長の中村 透氏に実際に話を聞いてみました。

草薙　茄兵衛 店長　中村 透氏

　「お客さまのお祝いごとを数多く経験させていただいています。普通の人であればそう経験できることではなく、感動の場面に立ち会えて嬉しいです。お客さまにできる限りのおもてなしをして、お客さまに喜んでいただけると、なすびで働いていて本当によかったと思います」

　お客さまの喜ぶ顔を見ることができたときに、一番の働きがいを感じると語る中村氏は、まさに NASUBI フィロソフィの体現者です。

　また、今までに仕事においてどのような困難があったか、そしてその困難をどのように解決してきたかを中村氏に聞いてみました。

　「スタッフにうまく自分の思っていることが伝わらない、意見が食い違うといったコミュニケーションの難しさを感じることがありました。そのような時には、社長や専務が膝を突き合わせて悩みを聞いてくれました。話を聞いてもらえるだけでもすごく救われます」

　経営幹部が社員一人ひとりと膝を突き合わせてコミュニケーションを取る。そのような社員と経営幹部との距離の近さが同社の良いところの１つです。社員との距離の近さについて、尚徳専務はこう語ります。

　「距離が近いのは当たり前のことで、距離を近くするのが役員の仕事です。スタッフが、お客さまに対してベストなおもてなしを提供できるようにするための最も良い手段として、社員とのコミュニケーションを取って、やりがいを高めています」

4 今後の方向性 〜静岡 No.1 の小さな一流企業をめざして〜

　従業員によるお客さまへの最上のおもてなしによって、業績面、体質面で成長し続けているなすびグループ。今後はどのような方向性をめざすのでしょう。経営者、現場社員それぞれの視点から、それぞれの想いを語っていただきました。

(1) 静岡 No.1 の小さな一流企業にこだわり続ける

　「地域の No.1 企業にするのがやはり一番です。東京や名古屋に出店してほしいという声はありますが、私達は東京、名古屋からわざわざ来てもらえるようなお店にしていきたいと思っています。そうじゃないと意味がありません」と尚徳専務は同社の今後の方向性について語ります。また、無理にお店を拡大しない理由として、「静岡の雇用拡大や、地域を明るく活性化していくことで地元に還元し、いかに静岡の人々を幸せにできるかを大事にしていきたいのです」と述べています。

　同社の売上・利益を考えるのではなく、お客さまと地域と従業員を大事にするという考え方はぶれません。売上・利益は後からついてくるものです。

(2) なすびを地域の街づくりの基地にしていく

　現在、同社は地元の企業、地元の人たちとの連携を深めながら、「町の風景の一部」になることをめざし、なすびという舞台を通じて、地域に埋もれているものに焦点を当てる活動「草薙マルシェ」を行っています。

　「草薙マルシェ」は、なすびのマネージャーが始めた地域活用の朝市です。同社の駐車場を開放し、地元農家・商店街・学生を巻き込んで実施しています。この活動は、地元農家と協同の新商品開発につながり、地域の情報交換拠点としても機能しています。

　尚徳専務は今後の地域との連携活動について、次のように語ります。

　「お店は食べて飲んでだけでなく、地域の拠点になることが大事です。地域の情報を発信し、街づくりの基地にしていきたいと思っています」

第9章　静岡No1の小さな一流企業〜株式会社なすび〜

草薙マルシェの様子

(3) 現場の社員が語る今後のなすび

同社成長の原動力は現場の社員です。

「清水地区統括兼なすび総本店」店長の坂東氏は、自身の店舗をどのようにしていきたいか、次のように話しています。

「家族の良いことがあったときに来ていただいて、記憶に残るようなおもてなしをしていきたいです。一人の人生の節々、人生のアルバムの中になすびが入っていければいいと思っています。お客さまとの生涯の関わりができるお店にしていこうと思います」

清水地区統括　店長　兼
なすび総本店　店長　坂東　亮介氏

子どもの時からよく連れて行ってもらったなすびに、自分の子どもや孫を連れて行く、そのようなお客さまの一生に寄り添い、大切な時間を提供し続ける場所となることを従業員は皆願っています。

若くして店長となった茄兵衛 店長の中村氏は、自分自身の今後について、「私は店長1年目なので、スタッフに慕われるように努力し、名実ともに店長になり

177

たいです。また、経営幹部やマネージャーにはいろいろと助けてもらっており、親身になってサポートする姿に触発されています。私も今後はマネジメントに携わることができればと思っています」と言います。

　尚徳専務によると、以前は、同社で働いた後に独立したいという人達が多かったそうですが、現在は、中村店長のように、なすびで働き続けてマネジメントに携わっていきたいという若手が増えてきているそうです。

5　就活生や転職を考えている人に向けて

　静岡 No.1 の小さな一流企業をめざす株式会社なすび。日本には同社のように地方でもきらりと光る中小企業はたくさんあります。同社の求める人材像や、同社のように従業員満足を重視し、それによって顧客満足を実現しているホワイト中小企業に就職するための会社選定時のポイントをご紹介します。

（1）なすびの求める人物像

　なすびの藤田圭亮社長は同社に求める人材として、「誰でも好きになれる人」と言います。「人に好かれる人」よりも、自分から相手の事を好きになれば、相手に喜んでもらうために何ができるか考え、相手の気持ちに配慮して行動し、最終的には相手が自分に心を開いてくれるからです。

　尚徳専務は、「明るく素直であればそれでいいかもしれません。自分の主張や欲が先行してしまうと成長の妨げになるし、周りの妨げにもなってしまいます。明るく素直で誰でも好きになれる人と働きたいです」と話しています。

　現場の社員はどのような人と働きたいのでしょうか。坂東氏は言います。

　「人の喜びを自分の喜びにできる人。そういう人と仕事をしていると自分も楽しくなります。また、人の喜びを自分の喜びにできる人は、人を喜ばす天才です。喜ばすためには何でもするし、後ろで見ていて自分も嬉しくなると思います」

　中村氏は、いつも周りにいる仲間のことを想像しながら一緒に働きたい人について次のように話します。

178

第 9 章　静岡No1の小さな一流企業〜株式会社なすび〜

インタビューの様子（左から専務尚徳氏、坂東氏、中村氏）

　「自分の所属している店舗の料理スタッフのなかに、すごく情熱的な人がいます。その人は部下がいい加減なやり方をしているとものすごく怒りますが、それは仕事への情熱の表れだと思います。そういう情熱的な人がいると、自分も『よし頑張ろう！』という気持ちになります。そういう人と働きたいです」

　今回インタビューを受けていただいた尚徳専務、坂東氏、中村氏はまさに3人とも明るく素直で情熱的な人達です。この3人の笑顔で熱く話す姿を見ていると、なすびは本当に良い会社であると感じました。

（2）なすびで働くことの魅力

　同社で働くことの魅力は次のようなことです。
- ✓ おもてなしの心と姿勢を身に付けられること。人生のなかで関わる人すべてに対して、おもてなしの心を持つことはとても大事です。NASUBIフィロソフィに基づく行動ができるようになることで、人との関わり方が大きく変わり、周りの人との良い人間関係を作ることができるようになります。
- ✓ 大きな働きがいを持つことができること。経営幹部との距離の近さや意見を吸い上げる仕組みがあることで、会社に対して自分の意見を提案することができます。また、人のお祝いの席にたずさわり、一緒になって喜びを感じることができます。これはめったに経験できることではありません。

✓ 充実した研修によって、料理やおもてなしの技術なども身に付けられること。たとえ、あなたが料理スタッフでなかったとしても、魚の捌き方など、普段の料理で使える技術を料理長から教えてもらうこともできます。

（3） なすびの事例を踏まえた会社選定のポイント
① お客さまを大切にする姿勢があるかどうか

　お客さまを大切にする会社は、必ず従業員も大切にしています。従業員満足がお客さまの満足につながることを知っているからです。お客さまを大切にする姿勢は、経営理念や行動指針に反映されていますので、確認することが大事です。

　また、フィロソフィなど従業員へ理念を浸透させる取り組みがされているかも調べておきましょう。

② 社員のやりがいを高める仕組みはあるか

　会社に対して自分の意見を提案できること、社員同士で褒めあう文化が醸成されているとやりがいは向上します。社員からの意見を吸い上げ、会社の改善活動に参画できる仕組みや、意見を言いやすい風通しの良さがあるかどうかを確認するとよいでしょう。

　また、社員同士の褒めあいを促進するための社員間コミュニケーションの仕組みや、表彰制度などがあるかどうかを確認することも大事です。

③ 地域とどのような関わり方をしているか

　地域貢献をしている会社は、一流企業といえます。そのような企業は、地域が発展することで、地域に訪れる人・住む人が増え、最終的には自社の成長につながることを知っています。

　地域の生産物を企業活動に活用しているか、地域の企業と連携した取り組みを行っているか、地域活性化に向けた情報発信をしているかをホームページや採用担当者からの情報で確認してみるとよいでしょう。

第 10 章
女性が働きやすい社会をつくる
～株式会社ランクアップ～

　2016 年度に東京等が認定したライフ・ワーク・バランス認定企業のなかに、株式会社ランクアップがあります。

　社員のうち女性が多くの割合を占めるこの会社では、女性が子育てなどの「生活」と「仕事」をうまく両立できるような、働きやすい環境が整えられています。

　事業の面でも、さらなる成長を達成するための取り組みも行われています。ランクアップの社員が持つべき価値観を明確にし、価値観を社員で共有することで、社員が常に新しいことに挑戦しようとする組織風土が醸成されています。

　この章では、女性が働きやすい環境を整えながら、常に成長を続ける組織をつくりあげたランクアップの取り組みをご紹介します。

【株式会社ランクアップの魅力のポイント】
- 「生活」と「仕事」を両立させることを重視した働き方
- 女性が働きやすい環境を築く、ベビーシッター制度などのさまざまな制度
- 会社としての行動指針が示されていて、行動基準が明確
- 社員から新たな挑戦が生まれてくる社風
- 成長を続ける、たくさんの可能性を秘めた事業

1 企業の概要・特徴

(1) 企業概要(2018年4月現在)

会 社 名：	株式会社　ランクアップ
代 表 者：	代表取締役　岩崎　裕美子
所 在 地：	東京都中央区銀座3-10-7　ヒューリック銀座三丁目ビル7階
設 立：	2005年（平成17年）6月10日
資 本 金：	1,000万円
従業員数：	53名
事業内容：	オリジナルブランド「マナラ」化粧品の開発および製造販売
Ｔ Ｅ Ｌ：	03-3543-1510
Ｆ Ａ Ｘ：	03-3543-1586
Ｕ Ｒ Ｌ：	http://www.manara.jp/brand/index.html

(2) 事業概要

ランクアップは、2005年に創立されました。創立者である岩崎裕美子社長は、自分たちが納得できる化粧品を作りたいという想いから化粧品会社を立ち上げました。現在では、化粧品事業を軸に、台湾など海外へも進出しながら、10年連続の売上増を達成しています。

化粧品事業では、オリジナルブランドであるマナラ化粧品の開発から販売までを手がけています。ヒット商品であるマナラホットクレンジングゲルは、美容成分が94.4%配合された、美容液で洗うクレンジングゲルです。

マナラホットクレンジングゲル

このマナラホットクレンジングゲルを始めとして、同社が手がける化粧品は、「自分たちが本当に欲しいものをつくる」という信念を通じて開発されています。

女性の割合が多い同社が、自分たちが本当に欲しいと感じる化粧品を開発する

ことで、他の化粧品と差別化され多くの支持を集める商品が生み出されています。

　現在、同社の社員は 53 名です。新卒採用は 2014 年から毎年続けており、2017 年で 4 年目になります。

　同社は 2016 年度に東京都ライフ・ワーク・バランス企業に認定されました。岩崎社長が描く同社の未来は、より働きやすい環境を整えながら、化粧品事業だけでなく、新たな分野も含めてさまざまな挑戦を行っている会社の姿です。

　そういった考えに共感する人が集まり、会社は成長を続けています。

※　昨今、仕事の時間とプライベートの時間のバランスに対する注目が高まっています。行政でも、「生活と仕事の調和」を掲げてさまざまな取り組みを行っています。東京都は「東京都いきいき職場推進事業」として、長時間労働の削減、休暇取得促進、育児・介護と仕事の両立推進、職場における女性の活躍促進などの面で、優れた取り組みを実施している企業を「ライフ・ワーク・バランス認定企業」として表彰しています。

2　みんながいきいき！働きがいを感じられる職場
（1）「挑戦」によってつながるランクアップ

　ランクアップの勤務時間は 8 時半から 17 時半まで。残業する人はほとんどいません。限られた時間のなかで結果を出すのはたやすいことではないはずですが、それを支えるのは、効率性と結果が同時に求められるレベルの高い職場風土です。

　同社では「挑戦」するということが、最も大切な価値観として共有されています。これは、岩崎社長が会社のポリシーとして掲げ、何度もその想いをメッセージとして社員へ説明することで、理解が得られて徐々に社内にも浸透しました。いわゆるビジョンの共有がなされたということです。

　この「挑戦」というポリシーは、「基本的価値観」（コアバリュー）として、困ったことが発生した際の判断基準となっています。

　たとえば、製品のリニューアルを検討する際には、これまで製品を愛用してくれているお客さまの期待を裏切ることになる可能性があります。新たに化粧品に

183

とある一日の風景

配合する成分が肌に合わない人も出るかもしれません。それでも、その製品リニューアルに企業として成長が得られるならば、社員は、勇気をもって製品リニューアルに踏み切ります。そこには、「挑戦」という判断基準があるからです。

　このポリシーとして浸透した「挑戦」という判断基準で、岩崎社長による事業的な判断も行われています。実はこれが、同社社員が、いきいきと働けているルーツなのです。

　同社では、社員の主体性を発揮できる環境が整っており、社員の1人ひとりが企画を自由に発案し、「ジブンノコト」としてビジネスを推進しています。社長や上司から進め方の指示をすることはほとんどありません。すべては自分の意志と判断でものごとを進めています。

　岩崎社長は「挑戦という価値観で紐づいているので、社員を心から信頼してビジネスを任せています」と話します。

　すべては自分の意志と判断で進めら

岩崎　裕美子　社長

れるといっても、野放しではありません。予算面での現実性などは、ビジネスの先輩として社長や上司がしっかり確認します。そのうえで、企画した案に成長するための「挑戦」があれば、社長や上司は企画を立案した社員がやりやすい環境を最大限にバックアップしてくれます。

たとえば、社員の発案により取り組んだ「お客さまイベント」があげられます。これまで、同社の製品販売活動は、通販が中心であるため、お客さまと直接対面するコミュニケーションはほとんどありませんでした。あるとき、新製品の販売のタイミングで、社員の方から「お客さまへ直接お披露目したい」というアイデアの提案がありました。これまで、お客さまとの直接的な接点を持っていなかった会社にとっては、まさに「挑戦」です。

この「挑戦」に対する社長の判断はイエスでした。社員を信じているからです。

結果、イベントは大盛況に終わりました。お客さまに直接、新製品に込めた想いを伝えられたこと、そして、お客さまの生の声を聴けたことは、新たな気づきや感動にもつながりました。この盛況を経て、今では数多くのお客さまとのイベントが開催されています。

「ジブンノコト」としてビジネスを推進することは、当事者に大きなやりがいを与えてくれます。自分で全力を尽くしてその企画を成功させた後の達成感は、言葉には表せないほどです。社員はその快感を忘れることができないはずです。

(2) 新たに根付き始めた「誠実」という価値観

「私たちは結果を出し続ける会社になりたいです。ランクアップを 100 年も 200 年も続く会社にしたいです。そして、結果を出し続けるには、誠実さが必要だと思っています。だって、ずるい人とか嘘をつく人とか信じられないじゃないですか」、「だから、『誠実』というキーワードを新たな価値観に組み込むことを社員にも発信しました」と岩崎社長は言います。ランクアップでは、これまでの「挑戦」に加えて新たに「誠実」という価値観が浸透し始めています。

ここ数年、企業による不正や情報の改ざんなど、不祥事が続いています。不祥事による信用の失墜は、企業にとって致命的です。不祥事を働いた企業は、存続の危機に直面するケースも少なくありません。

当然、ランクアップがこのような事態を起こすわけにはいきません。そのために
は、嘘のない会社にしなければなりません。そこに「誠実」さが求められるの
です。「誠実」というのは、嘘をつかない、ただの良い人ではありません。自分
に正直な人、素直な人、そして、結果を出し続ける人のことを指します。

　たとえば、営業担当者ならば、売上を取るために不本意な接待をするのではな
く、ちゃんと製品の良さを伝えることで認めてもらって、ビジネスを生み出す。
この繰り返しで結果を出し続ける。こういう行動が「誠実」さを意味します。

① クレドカードを活用した「誠実」の共有

　同社では、この「誠実」に対する行動規範を明確にして、社内の共有を始めま
した。クレドカードを使っての共有です。

　クレドカードとは、企業のポリシーや行動指針をシンプルに記したカードのこ
とを指します。クレドカードを常に携帯することで、業務において社員が決断を
下すときにこれを拠り所とすることができます。

　近年、クレドカードを作成し、社員に配布する企業が増えています。しかし、
配布するだけでは、社員に経営理念の共有化を図ることは困難です。このため、
ランクアップでは、クレドカードへの記載に知恵を絞っています。

　同社のクレドカードには、行動指針が○×形式で書かれています。○が望ま
しい行動を表し、×が望ましくない行動を表します。「誠実」の望ましい行動では、
素直、正直、本音を言うなどの行動があげられています。これによって、社員も
何が正しい行動なのか、常に確認することができます。

② クレドカードの行動規範

　このクレドカードに記された行動指針は、社員の悩みに対する解決の道しるべ
となるツールになり始めています。たとえば、本音で話すことに遠慮しがちな若
手社員に対して、先輩社員はこのカードを示しながら、若手社員が本音で話せる
雰囲気を作り出します。「若手の私が言うのもおこがましいのですが・・・みた
いな枕詞を入れれば相手に柔らかく伝わると思うよ。がんばって！」このような
具体的なアドバイスが先輩から若手へ送られることもあります

企業理念

効果が実感できる製品・サービスによって
女性の悩みを解決し輝く女性を増やします。

RANKUP

行動指針

誠実

【望ましくない行動】
×ずるい　×嘘をつく
×陰口を言う
×裏表がある
×自分さえ良ければ良い
×サボる
×自分がやりたくないこと
　を人にやらせる
×人に教えない
×失敗を隠そうとする
×言い訳する
×人のせいにする

【望ましい行動】
○素直　○正直　○直接本人に言う
○本音を言う
○お客様だけでなく取引先も大切にする
○結果にこだわる
○目の前の人を幸せにする
○その人の両親が見ていても恥じない
　指導をする
○すべてに感謝する
○全力で頑張る
○自分で選んでここにいるという覚悟を持つ
○目的達成のために勇気を持って方法を変える

挑戦

【望ましくない行動】
×失敗を恐れる
×去年と同じことをする
×生活のためだけに仕事をする
×安易な挑戦で大金を捨てる
×目的が曖昧な挑戦をする
×やらされて仕方なくやる
×完璧を求めてすぐ動けない
×あきらめる
×今のままでいいと思っている

【望ましい行動】
○まずやってみる
○夢や目標がある
○小さな失敗を繰り返し、成功を得る
○何を持って成功かのゴールを
　決めておく
○向上心がある
○「私にやらせてください」と言える
○「どうしたらできるか」を考える
○勉強し続ける
○PDCAをまわす

明るく元気

【望ましくない行動】
×話しかけにくい時がある
×周りを暗くする
×注意するとフンとなる
×評論家的発言をする
×ガラスのハートと自ら主張する
×人の批判を気にする
×注意されると落ち込む
×短所が目につく

【望ましい行動】
○いつも話しかけやすい
○相手が元気になるくらい
　明るく元気に振る舞う
○気持ちよく返事する
○批判ではなく、提案する
○明るい
○周りを明るくできる
○フィードバックを素直に受け入れる
○人の長所を見つけて褒める

クレドカード

③ 朝礼でのスピーチ

社員の皆さんが日ごろどのように「誠実」な活動をしているのか、毎日の朝礼の1分間スピーチで共有する取り組みも行われています。

スピーチでは、クレドカードの行動指針から1つを選んで、自分がどのような「誠実」な行動に取り組んだかをアピールします。これにより、社員の1人ひとりがどのように考えて行動しているのか、他の人はどのような行動をしているのかを勉強することができます。

④ 誠実への追及

岩崎社長や管理職がどのように「誠実」を体現しているのかを、講和形式で共有するイベントを月に1回開催しています。社長や管理職のそれぞれの視点で、いかにして「誠実」を追求しているのか、その想いが語られる場がこのイベントです。これにより社内に一体感が生まれているのです。

3 女性が活躍できる職場
(1) 社員の半数がママ社員

ランクアップには子どもを持つ女性社員が多数在籍し、いきいきとして活躍しています。女性が活躍できる職場作りはなかなか難しいといわれていますが、同社では、そのような女性が働きやすい環境を実現しています。そのために、次のような取り組みをしています。

① 「17時で帰っていいよ」制度、時短勤務制度

「ほとんどの社員が17時に帰る」といわれているように残業が少なく、早く帰宅することができます。

定時は8時半〜17時半ですが、仕事が終われば17時に帰宅できる「17時で帰っていいよ」制度、時短勤務制度があります。早く帰宅できるため、子どものお迎えなどに行くことができます。子どもがいても働ける、仕事も子育ても両立できる会社であるといえます。

② 業務のスピードアップのためのルール

17時で帰社できるようにするため、業務のスピードを上げる工夫をしています。たとえば、会議は30分までにする、メールでは読む時間も入力する時間ももったいないため、社員同士では「お疲れ様です」を使わない、などのルールを設けています。無駄をなくし、自分の業務に専念できる環境をつくることで、残業を減らしながらも生産性を向上させています。

③ 病児ベビーシッター制度

そのほかに病児ベビーシッター制度を導入しています。

子どもが急に熱を出したり病気になったり、突発的なことが発生すると出社できなくなることがよくあります。この制度は、突発的な病気などのときにベビーシッターが家に来て、子どもの面倒を見てくれる制度です。費用のほとんどは会社が負担するため、利用しやすく、社員は定期的に活用しています。

（2）業務の引き継ぎ

産休（産前産後休業）や育休（育児休業）から復帰しやすい環境も作られています。他の会社では、女性社員は出産や育児のために退職するケースも多く見受けられますが、同社では次のような業務に復帰しやすい環境を作っています。

まず、休業に入る前に必ず自分の持っている仕事をすべて列挙し、休業期間中は別の社員に仕事を引き継ぎます。それが業務棚卸表（図表10-1参照）です。業務内容やその業務にかかる時間・頻度などの業務量もわかるように表にします。このように、仕事を仕分けし、休業期間中は他の社員に仕事を引き継ぎます。

休業期間中は、定例的にいつ復帰するかの面談の機会があるとともに、復帰した後にむけて休業期間中の業務の進捗説明なども行われます。そのため、一旦職場を離れても復帰しやすい環境となっています。

会社内では常に産休・育休で休業する社員がいるため、このような業務の引き継ぎは日常茶飯事であり、スムーズに引き継ぎが行われています。

業務は定期的に整理し、あふれた仕事はルーティンワークのシステム化なども考えて、仕事の整理も行っているのです。

図表 10-1　業務棚卸表

業務棚卸表

No.	大分類	No.	中分類	No.	小分類	1回あたり時間	日	週	月	年	業務量構成比	引き継ぎ担当
1	Web		広告		申込・見積もり確認	10分				1		
					掲載原稿作成	20分				1		
					掲載レポート確認	10分		1				
			サイト・パーソナライザ		掲載レポート確認	1時間				1		
					請求書確認	5分				1		
					掲載内容見直し、素材準備	30分〜				1		
			メルマガ登録キャンペーン		会報誌用チラシ作成	1時間			3			
					同梱用チラシ作成	30分			2			
					効果測定	1時間				1		
					会報誌誌面作成	30分			2			
			店舗一覧掲載		サイト構成確認	30分		1				
			公式サイト管理		定例ミーティング	1時間		1				
					Web関連請求書確認	10分			1			
2	派遣さん管理		勤怠確認			15分			1			
			請求書確認			10分			1			
			業務確認			15分			1			
3	F2プログラム		CG		ツール制作	30分		2				
					各種社内調整	30分		2				

　こうした制度によって社員は常に集中して仕事に専念することができ、生産性が向上しているのです。

（3）　日本の働く環境について

　「テレワークのように会社以外の場所でも働けるような環境にしていきたい」と岩崎社長は多様な働き方について前向きに語っています。

　親族の介護が必要になり、遠方の実家に帰るため、有能な社員が退職するようなケースがあります。そうした場合でも、遠隔地で働ける環境が整備されていれば、会社に出社せずに仕事ができ、退職する必要がなくなります。今後も高齢者人口の増加とともに要介護者が増加していくなかで、そのような環境を求めている方は多くなってくるでしょう。

　「テレワークだとさぼるんじゃないかという議論がありますが、形になる成果をみせないといけないので、アウトプットを見える化する必要があります。将来的にはそういった働き方の方がいいんじゃないかと思います」と、岩崎社長はテレワークの働き方について語っていました。テレワークでは成果をみせるために、

もっと生産性を上げる努力が必要になります。逆に会社に出社しただけで仕事をしている気になるよりも、よいといえるでしょう。

　将来的には、時間や場所にとらわれない働き方をしていくことが、介護や育児などと仕事の両立を促し、労働力を増加することになり、日本の発展にもつながるでしょう。

4　社員とともにつくる働きやすい環境

　同社では新しい取り組みを数多く行っています。それらの取り組みは社長から提案されるだけではなく、社員からの提案で行われているものもあります。同社が改善提案制度を導入しているため、社員から積極的な提案がされ、実施されているからです。

（1）改善提案制度

　「改善提案制度」は、給与と人の悪口以外であれば何でも提案してよいという制度です。採用、不採用にかかわらず、改善提案1件につき、500円が支給されます。この制度は、「社員が日本一幸せ」といわれている未来工業株式会社で実施されているものです。改善提案制度は会社の改善につながるだけでなく、社員は自分で考える力がつき、モチベーションや生産性の向上にもつながります。

　同社でも「改善提案制度」を導入し、2015年度では社員43名で610件もの改善提案が集まりました。また、改善提案の内容は社内で回覧できるようにしているため、誰がどんな提案をしているかわかるようになっています。回覧することで「この程度でも提案していいんだ」と思ってくれるせいか、回覧できるようにしてから提案される件数も増加しています。

　内容は、「社内をいつもきれいにするために掃除の時間をつくりたい」、「液ダレするのでトイレのハンドソープを泡タイプにしてほしい」など、ちょっと不便なことや変えてほしいことが毎日のようにあがっています。

　会社側としては、社員に常に物事を改善する癖をつけてほしい、発想力を鍛えてほしい、ということが目的だったようです。不満や不便を改善として提案され

ることで、前向きなものとして解決され、会社の雰囲気がとてもよくなったと、社員の声があがっています。実際に同社社員は主体的にいきいきと働いているように感じました。社内の雰囲気がとても明るいです。

（2）改善提案制度から生まれた制度

① ランチ補助（オフィスおかん導入）、無農薬野菜支給

　いつかは社員食堂をつくりたいという思いがありましたが、まだありません。添加物や防腐剤でつくられた弁当を食べていては健康にはなれない。そこで社員から"オフィスおかん"の導入の提案がありました。

　オフィスおかんは「健康的で安心・安全なお惣菜をオフィスに常備できる社食宅配型法人向けサービス」です。無添加の総菜や玄米ご飯などを会社で自由に、100円で食べることができます。

　導入後は社内のリフレッシュルームで食事をする人が増え、社員のコミュニケーションアップにもつながっています。ご飯だけ持参しておかずだけ会社で調達するような社員もいて、「お弁当をつくるハードルが下がるので手軽な感じがいい」、「安心で安くランチができるのはうれしい」といった声があります。

　また、毎月、岩崎社長の出身地である北海道から新鮮な無農薬野菜を取り寄せ、社員に配布しています。社員からは、「外食することが多かったですが、無農薬野菜支給が始まってから、自炊の回数が多くなりました。食べ物にもこだわるようになり、健康を意識するようになりました」という声があります。社員同士でレシピの交換やつくった料理の写真を見せ合うこともあり、社内のコミュニケーションにも活かされています。

　身体が資本なので健康で働くことは大事なことです。健康で働き続けられることは会社にとっても社員にとってもよいことです。

② 研修費用会社全額負担

　業務に活かせる研修やセミナーの費用は、会社が全額負担する制度です。当社は残業がほとんどないため、仕事が終わってからは研修に参加し、スキルアップしている社員もたくさんいます。業務に関連するものであれば会社が全額負担し、

研修・セミナーに参加できます。

　スキルアップのために数万円もする研修に参加することもあります。研修先では、周りはほとんどが自己負担で参加される方です。会社に負担してもらっていることから、「会社に還元しなきゃ」という思いは強くなります。学びを活かして業績を上げることにつなげたり、学んだことをレポートにまとめ、他のメンバーに共有したりしています。

　「好きな本を買っていいよ制度」というものもあります。毎月本代として2,000円を支給するものです。もともとは仕事や業務に関する本は自由に買っていいという制度だったのですが、今は旅行や料理本など、好きな本が買えるようになっています。自分磨きや教養を身につけるために、毎月新しい本を読めることはスキルアップにもなります。

　残業がほとんどないため、空いた時間で自分磨きやスキルアップすることができ、当制度は有効に活用されています。

ランクアップの社員

③ さまざまな支給制度

　同社には、ほかにもさまざまな支給制度があります。「コミュニケーション食事会費支給制度」は、毎月一人あたり 3,000 円支給する制度です。同社社員は、残業がほとんどない代わりに日中の勤務時間中は無駄話などをせず、集中して働いています。そのため、部内全員で話す期間が少なくなってしまっているので、この食事会費支給でコミュニケーション不足を解消しています。社員からは一番人気の制度となっています。お酒を飲みながら、会話は社内では話しにくい内容だったり、会社の未来を熱く語り合ったりすることもあります。

　そのほかに、ＰＣ操作をするデスクワークが多く目が疲れるため、ＰＣメガネ代を 4,000 円まで支給する「ＰＣメガネ支給制度」。自分の好きな手帳で仕事をするとモチベーションもあがるため、年 1 回 2,000 円まで手帳代を支給する「手帳代支給制度」などがあります。

（3）ライフ・ワーク・バランスを実現するリーディングカンパニー

　同社はこれまで、女性が働きやすい環境を作りあげながら、社員が新しい挑戦を自発的に行う組織風土を築いてきました。

　挑戦という価値観に加えて、誠実という価値観も新たに社員へ共有されてきました。同社はこの「挑戦」と「誠実」という価値観をもとに、100 年も 200 年も続く会社をめざしています。

　女性が幸せに生きる社会をつくるというミッションを掲げながら、これからも新しい挑戦を続けるために、新規事業を担っていけるような人材を求めています。

　生活と仕事を両立させながら、仕事においてはさまざまな挑戦を行っていきたいという人たちが集まってきている同社は、これからも理想的なライフ・ワーク・バランスを実現するリーディングカンパニーをめざしています。

5　就活生や転職を考えている人に向けて

（1）同社の求める人物像

　これまでにご紹介したように、同社は「生活」と「仕事」のバランスを重視す

第 10 章　女性が働きやすい社会をつくる〜株式会社ランクアップ〜

る考えが浸透しており、非常に働きやすい環境だといえます。

　最近は、そういったいわゆる「ホワイト企業」のイメージが強くなり、「安定を求める求職者も増えたかもしれない」と岩崎社長は言います。

　同社は、ライフ・ワーク・バランスの考えとともに、仕事においてはさまざまな挑戦を積極的に行っていこうという考えも、全社員に浸透しています。そのため、働きやすい環境を求めるだけでなく、仕事において新しいことにチャレンジすることにやりがいを感じるほうが馴染みやすい環境だと思われます。

　これから一緒に同社の成長を牽引していく人材を必要としており、岩崎社長は「ゼロから 1 を作ることができる人を増やしていきたい」と考えています。そのため、採用においては「『挑戦』する価値観や、会社のビジョンとの親和性という観点を重要視しています」と岩崎社長は言います。

　インタビューを通して、自分の人生において、生活と仕事の両方を充実させたいという想いとともに、自分以外の働く女性に対しても、よりよい環境を築いていきたいという想いがある方にとっては、とてもやりがいのあるすばらしい職場ではないかと感じられました。

（2）ランクアップの事例を踏まえた会社選定のポイント

　ランクアップは事業の拡大を続けており、これからも新規事業を起こしていこうとしています。

　同社のような会社で働いてみたいと考えられている方は、就職や転職を考える際には以下のような点に着目して会社をみることをお勧めします。

① 新しいことに挑戦できる環境があるか

　成長を続ける企業においては、さまざまな挑戦の機会があるとともに、同時並行で、次々とやらなくてはいけない業務も発生します。場合によっては、やらなくてはいけない業務に手を取られ、なかなか新しいことに取り組むことができないといった状況も発生します。

　仕事にやりがいを求め、新しいことへの挑戦ができることを重視するときには、組織面でそのような余裕があるかということや、挑戦を後押しするような価値観

や環境があるかといった点が重要になります。

② 生活と仕事の両立できる環境が整っているか

　生活と仕事の両立ということを考えたときに、とくに子どもを持つ方、子供を持とうとする方にとってはさまざまな懸念が生じます。

　出産や育児などの際は、ある程度の期間仕事から離れることが必要となります。育児に関する制度が整備されているかという点は当然重要となり、加えて職場復帰のしやすさという点も大事です。

　また、子どもが体調を崩したときに、緊急で職場を離れないといけない場合や、日々の送り迎えなど、就業時間にある程度の融通が効かないと、仕事を続けることが困難になることが考えられます。

　休職しているあいだのサポートや、職場復帰時に生活と仕事の両立を無理なく行えるかという点が確認できるとよいでしょう。

③ 社員としての行動指針・価値観が明確になっているか

　創立されて間もない会社や、中途採用で入社した社員が大半を占める会社だと、さまざまな経験を持った人材が集まっています。

　そのような環境で、仕事に対してさまざまな価値観を持った人材が集まると、会社にとって好ましい行動とそうでない行動が不明瞭になることがあります。場合によっては、仕事の取り組み方が人によってばらばらで、それがストレスになることも考えられます。

　そういう発足間もない企業でも、仕事に対する価値観が明確になっており、社員のあいだに浸透されていると、やるべき業務に迷うことなく取り組むことができるようになります。

　新しいことへの挑戦や、生活と仕事の両立といったことを考えたときにも、仕事においてやるべきことが明確で集中できるということは、非常に重要なポイントとなるでしょう。

参考文献・資料

（プロローグ　中小・ベンチャー企業で働く魅力を考えよう）

- 中小企業庁「中小企業白書　2016 年版」
- 久保田章市「百年企業、生き残るヒント」角川 SSC 新書

（第 1 章　株式会社千疋屋総本店）

- 千疋屋総本店史『サムライ弁蔵　水くわし売り出し百七十五年』

（第2章　株式会社シービージャパン）

- 小林勇治編「経営革新計画で成功する企業」同友館（2012 年）
- シービージャパン「シービージャパン　カンパニー　プロファイル」
- 日刊工業新聞「企業は人なり／シービージャパン」日刊工業新聞　2011 年 5 月 17 日
- 足立区「ワーク・ライフ・バランス推進ハンドブック」2016 年度版
- しんきん協議会連合会「こんぱす」No.65　2017 年 1 月 1 日
- 東京都産業労働局「東京カイシャハッケン伝！」
  （http://www.kaisyahakken.metro.tokyo.jp/company/cb-j/）
- 中島隆「シニア起業のススメ」週刊朝日 2017 年 1 月 27 日号

（第7章　エヴィクサー株式会社）

- エヴィクサー株式会社ホームページ（http://www.evixar.com/）
- ロボット情報ＷＥＢマガジンロボスタ
  （http://robotstart.info/2017/01/10/robohon-onkyo-tsushin.html）

（第8章　株式会社和える）

- 矢島里佳「和える」早川書房（2014 年）
- 矢島里佳「やりがいから考える自分らしい働き方」キノブックス（2017 年）

（第 10 章　株式会社ランクアップ）

- 岩崎裕美子『ほとんどの社員が 17 時に帰る 10 年連続右肩上がりの会社』
  クロスメディア・パブリッシング（インプレス）

【執筆者紹介】

＜監修・編著＞

八木　田鶴子　（やぎ　たづこ）

　中小企業診断士、1級販売士、宅地建物取引士、事業再生アドバイザー等の資格を有す。三菱銀行、アパレル会社等勤務の後、1996年中小企業診断士として独立。1998年12月有限会社テオリア設立・代表取締役。2015年4月合同会社みんプロ設立・エグゼクティブパートナー。官公庁の委員、調査事業、セミナー・研修・講演等の講師、経営にかかわる執筆、中小企業の経営支援等　多数実施。流通業・サービス業の経営革新、経営戦略構築、マーケティング戦略等が得意。

＜編著者＞

田口　愛味子　（たぐち　えみこ）

　中小企業診断士。早稲田大学政治経済学部政治学科卒業、社会保険労務士試験合格、国家資格キャリアコンサルタント、情報処理技術者（AE、DB）取得。アプリケーション開発に従事したのち、人材育成を中心に人事関連業務に従事。教育体系構築から登壇・ファシリテーションまで手がける。サービス業、飲食業などへの支援、専門誌への執筆も複数。

佐々木　和哉　（ささき　かずや）

　中小企業診断士、ISO9001/14001 審査員補、危険物取扱者(乙四)、第一種衛生管理者。神戸大学工学部生産機械工学科卒業。化学メーカーで、機械設計の他、メーカー向けの営業、環境・安全・品質・化学物質管理、物流管理などの業務を経験。

＜執筆者＞

市川 清治 （いちかわ　きよはる）　〜プロローグ、第6章

中小企業診断士、明治大学政治経済学部卒業。大手メーカーで営業・企画・人事業務に従事。現在のおもな活動分野は採用、教育、組織活性など。

中田 麻奈美 （なかだ　まなみ）　〜第1章、第6章

中小企業診断士。九州大学農学部卒業。大学院の技術職員を経て信州に移住し、食品メーカーで商品開発に従事。理念教育などの研修や人材育成にも携わる。現在は独立し、長野県よろず支援拠点コーディネーターとしても活動中。

中野 真志 （なかの　まさし）　〜第1章、第6章

中小企業診断士、社会保険労務士有資格者、宅地建物取引士、2級ファイナンシャル・プランニング技能士。明治大学卒業。大手システム会社を6年間勤務した後、独立してフリーランスで活動、数多くのプロジェクトに参画。おもな活動分野は、デザイン思考、ビジネスモデル、ITなど。ワークショップ開催、セミナー講師、執筆の実績多数。

藤井 晶啓 （ふじい　あきひろ）　〜第2章、第7章

中小企業診断士、2級ファイナンシャル・プランニング技能士、第二種衛生管理者。東京都立大学理学部卒業。現在、農協に勤務し、人材育成を担当。

西本 一郎 （にしもと　いちろう）　〜第2章、第7章

中小企業診断士。立教大学社会学部卒業。大手自動車リース会社で約20年間営業に従事。数百社の中小企業に車両関連のソリューション提案を実施。

半澤 信明 （はんざわ　のぶあき）　〜第3章、第8章

中小企業診断士。慶応義塾大学理工学部卒業。大手ＳＩｅｒで金融機関向けのシステム開発に従事後、メーカー系ベンチャー企業で研究開発に携わる。

川北 知加 （かわきた　ともか）　〜第3章、第8章

中小企業診断士。通関士として物流会社で輸出入の手続きを始めとした物流業務に従事。その後、山口県への移住をきっかけに外資系の半導体関連会社に転職し、物流改善や外注業者の管理などに携わる。また、中小企業診断士として、中小企業の海外展開やマーケティング支援を行う。

児玉 直樹 （こだま　なおき）　〜第3章、第8章

中小企業診断士。明治大学経営学部卒業。大手電機メーカーで大企業と中小企業へ営業後、インド駐在し、営業・マーケティング実施。現在は、大手化学メーカーで、海外営業・マーケティングに従事。インド事業における売上・利益拡大を強みとする。

村上 貴則 （むらかみ　たかのり）　〜第4章、第9章

中小企業診断士、経営品質協議会認定セルフアセッサー。東京工業大学大学院経営工学専攻修士課程修了。大手精密機器メーカーで、顧客満足・経営品質向上の全社推進業務に従事。現在は、グループ関連会社に対する業務改善コンサルティングで培った知識・経験を活かし、中小企業への支援活動を展開している。

原野 郁巳 （はらの　いくみ）　〜第4章、第9章

中小企業診断士、日本生産性本部認定経営コンサルタント。有限責任監査法人トーマツにて会計監査業務に6年間従事した後、独立し経営コンサルタントとして活動。おもな活動分野は、事業再生、サービス業の生産性向上支援など。

筒井 元浩 （つつい　もとひろ）　〜第5章、第10章

中小企業診断士。慶應義塾大学経済学部卒業。富士通株式会社デジタルマーケティング事業部所属。クライアントに向けたデータ活用ビジネスの企画・推進のコンサルティング業務に従事。東京都中小企業診断士協会中央支部。米国PMI認定PMP。

谷口 洋一 （たにぐち　よういち）　〜第5章、第10章

中小企業診断士。早稲田大学理工学部卒業。Webサイトの開発やディレクション、決済サービスの新規事業立ち上げなどに従事。

佐藤 栄一郎 （さとう　えいいちろう）　〜第5章、第10章

中小企業診断士。立教大学社会学部卒業。SEとして生命保険などのシステム設計・開発に従事。保有資格：基本情報処理技術者、カラーコーディネーター検定2級、アロマテラピー検定1級など。

＜合同会社みんプロ＞

(1) 企業概要(2018 年 9 月現在)

会社名：	合同会社　みんプロ
代表者：	Executive Partner　八木　田鶴子
所在地：	東京都板橋区熊野町 45-5-703
設　立：	2015 年 4 月 1 日　　　　資本金：　100 万円
業　種：	経営コンサルタント業
ＴＥＬ：	03-3959-8759　　　ＦＡＸ：　03-3959-8755
ＵＲＬ：	https://minpro.tokyo/

　合同会社みんプロは、中小企業診断士をはじめとする各種士業の資格を持つメンバー50 名ほど（2018 年 9 月現在）で構成するコンサルタント集団である。
　中小企業診断士として企業や経営者の役に立ちたい、チームで仕事をしたいという熱い想いを持ったメンバーにより設立された。こうした思いを持つみんプロメンバーが毎年増え続けている。

(2) 事業概要

　みんプロの事業概要は、企業の経営支援、研修、調査・分析、などである。
　経営支援では、明日からできる施策を提言し、“みんな”の力で経営全般をサポートし、お客さまのビジョンの実現に全力を尽くす。事業経営の論理的な分析と、経営者の想いやコンサルタントの気づき・直感を大切にしている。
　研修では、しっかりと企業や受講対象者の分析を行い、対象者に最も合致した内容や方法で実施する。そして、受講者の気づきを引き出し、行動に移せるようなゴールをめざす。
　調査・分析では、調査の目的をしっかりと把握し、最も適した調査方法を選択する。またあらゆる角度から分析し、役に立つ調査報告書を作成している。

(3) 商標登録とSPM(ソリューション・プロセス・マップ)

　みんプロではすべての企業診断を、代表の八木が考案したテオリア・メソッド

に基づいて実施している。この「テオリア・メソッド」および「みんプロ」、「ソリューション・プロセス・マップ」は、平成 28 年 9 月 2 日付けで商標登録をした。それぞれ、文字としての登録、図表としての登録で認定されている。

SPMは、「目指すべき事業ドメイン」と、その中心となる「重要成功要因（Critical Success Factors, CSF）」、「明日からできるアクションプラン」にまで落とし込んだ「戦略の体系図」である。

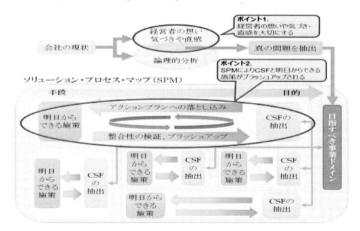

（4）おわりに

本書は、少しでも世の中の役に立ちたいという志を持った合同会社みんプロのメンバーが、中小企業の魅力をお伝えしたいと著わしました。

自分を活かす会社でイキイキ働こう!
～魅力的な中小企業探しのすゝめ～

2019年1月29日　　初版発行

監　修　　八木　田鶴子

編　集　　合同会社みんプロ

定価(本体価格2,000円+税)

発行所　　株式会社　三恵社
〒462-0056 愛知県名古屋市北区中丸町2-24-1
TEL 052 (915) 5211
FAX 052 (915) 5019
URL http://www.sankeisha.com

乱丁・落丁の場合はお取替えいたします。

ISBN978-4-86487-982-8 C2034 ¥2000E